가시 속의
장미

그리스도를 따르는 완덕의 길

Roses Among Thorns by St. Francis de Sales
Copyright © 2014 Christopher O. Blum and Sophia Institute Press
Korean edition copyright © 2020 by Catholic Publishing House

가시 속의 장미

2019년 12월 2일 교회 인가
2020년 2월 21일 초판 1쇄 펴냄

지은이 • 프란치스코 살레시오 | **엮은이** • 크리스토퍼 O. 블룸 | **옮긴이** • 강대인
펴낸이 • 염수정 | **펴낸곳** • 가톨릭출판사
편집 겸 인쇄인 • 김대영
편집 • 강서윤, 정주화 | **디자인** • 강해인
기획 • 임찬양, 권새봄, 이보연 | **홍보** • 장제민, 안효진, 황희진

본사 • 서울특별시 중구 중림로 27
지사 • 경기도 고양시 일산동구 노첨길 65
등록 • 1958. 1. 16. 제2-314호
전자우편 • edit@catholicbook.kr
전화 • 1544-1886(대표 번호)
지로번호 • 3000997

ISBN 978-89-321-1684-6 03230

값 12,000원

가톨릭의 모든 도서와 성물을 '**가톨릭출판사 인터넷쇼핑몰**'에서 만나 보실 수 있습니다.
http://www.catholicbook.kr | (02)6365-1888(구입 문의)

직영 매장 • 명동대성당 (02)776-3601, (070)8865-1886/ FAX (02)776-3602
• 가톨릭회관 (02)777-2521, (070)8810-1886/ FAX (02)6499-1906
• 서초동성당 (02)313-1886/ FAX (02)585-5883
• 서울성모병원 (02)534-1886/ FAX (02)392-9252
• 절두산순교성지 (02)3141-1886/ FAX (02)335-0213
• 은평성모병원 (02)363-9119
• 부천성모병원 (032)343-1886
• 미주지사 (323)734-3383/ FAX (323)734-3380

성경 ⓒ 한국천주교중앙협의회

이 책의 한국어판 저작권은 (재)천주교서울대교구 가톨릭출판사에 있습니다.
저작권법에 의해 한국 내에서 보호를 받는 저작물이므로 무단 전재와 무단 복제를 금합니다.

이 도서의 국립중앙도서관 출판예정도서목록(CIP)은 서지정보유통지원시스템 홈페이지(http://seoji.nl.go.kr)와
국가자료종합목록 구축시스템(http://kolis-net.nl.go.kr)에서 이용하실 수 있습니다. (CIP제어번호: CIP2019053551)

ISBN 978-89-321-1684-6

가시 속의 장미

그리스도를 따르는 완덕의 길

프란치스코 살레시오 성인

가톨릭출판사

머리말

오랫동안 저는 프란치스코 살레시오 성인을 존경해 왔습니다.

저는 1975년에 가톨릭 신자가 되었습니다. 개종한 지 얼마 지나지 않아, 프란치스코 살레시오 성인이 쓰신 《신심 생활 입문》이라는 책을 한 권 받았습니다. 이 성인의 지혜가 저의 신앙생활과 영성의 토대를 이루었습니다. 저는 늘 프란치스코 살레시오 성인의 말씀을 되새기며, 그리스도 제자의 길을 걷기 시작하는 사람들에게 줄곧 이 성인의 글을 읽으라고 권유합니다.

가톨릭 신자가 된 지 33년이 지난 2008년, 저는 주교서품을 받았습니다. 그리고 "마음으로 마음에게 말하라."라는 프란치스코 살레시오 성인의 말씀을 제 주교직의 좌우명으로 선택하였습니다.

그 좌우명을 선택한 사람이 제가 처음은 아니었습니다. 실제로 저의 영적 멘토인 존 헨리 뉴먼 성인이 추기경으로 서임될 때에 그 좌우명을 선택하였기에 저도 그 말씀을 선택하였습니다. 프란치스코 살레시오 성인의 말씀에서 뉴먼 성인과 저는 보통 사람들의 삶 속에서 은총이 움직인다는 깨달음을 얻었습니다. 예수 그리스도의 진선미眞善美를 묵상하는 보통 사람들을 통하여, 바로 예수 그리스도의 제자들을 통하여 은총이 살아 움직입니다.

프란치스코 살레시오 성인의 작품은 제2차 바티칸 공의회의 성덕에 대한 보편적 소명의 촉구를 앞서 가고 있습니다. 《신심 생활 입문》에서 프란치스코 살레시오 성인은 이렇게 말합니다.

"군인들의 막사나 근로자들이 일하는 공장이나 집안

일을 하는 가정에서 신심 생활을 할 수 없다는 주장은 잘못된 것입니다. …… 우리는 어떤 환경에 있든 완덕으로 나아갈 수 있고 또 그렇게 해야 한다는 것을 명심하십시오."(성 프란치스코 살레시오, 《신심 생활 입문》, 가톨릭출판사)

오늘날에는 그 어느 때보다도 가톨릭 신자들이 그리스도의 제자로서 살아가는 길을 밝혀 주는 분명한 길잡이가 필요합니다. 우리는 불행하게도 가톨릭 문화와 가톨릭 양심을 형성해 주는 경건한 신심의 위대한 관습을 많이 잃어버렸습니다. 고행이나 극기, 신심과 수덕 생활에는 아름다움이 있습니다. 그 아름다움이 프란치스코 살레시오 성인의 작품에 담겨 있습니다.

프란치스코 살레시오 성인은 보통 사람들이 일상에서 이해하고 수행할 수 있는 방식으로 기도, 신심, 식별과 수덕 생활에 관한 지침을 제시합니다. 그는 예수 그리스도에게서 우리를 떼어 놓으려는 감정과 유혹과 정신을 분명히 이해합니다. 또한 그 해독제도 압니다. 그의 작품은 예수 그리스도와 더 깊은 관계를 맺고자 하는 모든 사람을 위한 지침서입니다.

《가시 속의 장미》는 프란치스코 살레시오 성인의 작품에서 새롭게 옮긴 묵상집입니다. 모든 가톨릭 신자들이, 평신도나 성직자나 수도자들이 기도하며 묵상할 수 있는 좋은 책입니다. 이 책은 신앙생활이나 영성 지도, 또는 고해성사 때에도 활용할 수 있을 것입니다.

프란치스코 살레시오 성인은 한 사람의 마음이 다른 사람의 마음에 말을 할 때에 그리스도께서 우리 눈에 보이도록 드러나신다는 것을 알았습니다. 이 묵상집에 드러난 위대한 성인의 마음이 독자 여러분에게 예수 그리스도의 지극히 거룩하신 마음을 드러내 보여 주기를 빕니다.

2014년 2월 27일
미국 링컨 교구장
제임스 D. 콘레이 주교

차례

머리말 🌿 4

삶의 계절 🍃 12
정원지기 예수님 🍃 14
가시 속의 장미 🍃 17
덕행의 선택 🌿 19
신심의 형태 🍃 21
우리 마음속에 계신 예수님 🍃 23
마음의 평화와 겸손 🍃 25
성숙한 그리스도인 🌿 32
양심에 짓눌려 🍃 35
하느님의 뜻을 받아들이기 🍃 37
성모님의 방문 🍃 40
영혼의 평화를 유지해야 🍃 42
하느님 사랑하기 🌿 45

예수님을 모시고 다니며 🍃 47
우리의 십자가를 지고 가야 🍃 49
유혹에 맞서 🍃 52
무거운 짐 🍃 55
아무리 바빠도 기도는 해야 🍃 56
끊임없는 미사 참여 🍃 58
부모와 선생님 🍃 60
하느님의 뜻 🍃 62
요셉 성인 🍃 66
불완전한 인간 🍃 68
시련 속의 확신 🍃 71
강인한 마음 🍃 73
요한 세례자 🍃 76
차분한 열망 🍃 78
조급함이나 자기애 🍃 82

광야에서 🍃 84

그리스도인의 자유 🍃 85

끈질긴 기도 🍃 89

감정에 대한 판단 🍃 91

인내하십시오 🍃 94

그대의 마음을 용서하십시오 🍃 97

우울할 때 🍃 100

우리가 열매를 맺으려면 🍃 102

고통에 짓눌려 🍃 104

천사들의 시샘 🍃 108

고요한 삶 🍃 110

승천 🍃 112

유혹에 빠지지 마십시오 🍃 115

쇠사슬에서 풀려난 베드로 사도 🍃 118

두려움의 시간 🍃 122

가시덤불 속의 세례자 🍃 125

깨어 지키시는 하느님 🍃 127
성모 승천 🍃 129
최고의 포도주 🍃 131
불평 🍃 134
아름다운 신심 🍃 136
기도의 상상력 🍃 139
하느님의 평화 🍃 141
아플 때 🍃 143
하느님의 현존 🍃 145
이별의 시간 🍃 150
사랑하는 사람의 죽음 🍃 152
내적 고독 🍃 154
마지막 일 🍃 157
죽음의 준비 🍃 159
임종 🍃 162
시간이 흐르는 길목에서 🍃 165

삶의 계절

영혼 안에서는 삶의 모든 계절이 한꺼번에 다가옵니다.

때로는 겨울의 무미건조함과 산만함, 지루함과 불쾌함을 느낍니다. 때로는 봄의 이슬과 거룩한 꽃들의 향기에 젖고, 때로는 좋으신 하느님을 기쁘게 해 드리고자 불타는 열의를 느끼기도 합니다.

남은 것은 가을이지만, 우리는 이때 커다란 수확을 기대하지는 못할 것입니다. 그래도 밀을 거두어 타작을 하거나 포도를 따다 즙을 짤 때에 때때로 우리가 바랐던 것보다는 훨씬 더 많이 수확할 수도 있을 것입니다.

우리는 언제나 봄과 여름이 계속되기를 바랍니다. 그

러나 외적 생활과 내적 생활에는 굴곡이 있을 수밖에 없습니다.

오직 천국에서만 모든 것이 아름다운 봄이고, 풍성한 가을이며, 뜨거운 여름일 것입니다. 천국에는 결코 겨울이 없으니까요. 그러나 지상에서는 땅을 묵혀 두는 겨울이 필요합니다. 농한기에 우리는 극기克己를 실천하며 수천 가지 작고도 아름다운 덕행들을 쌓아야 합니다.

한 걸음씩 한 걸음씩 계속 나아갑시다. 마음을 진실하게 가져야 올바르게 걸어갈 수 있습니다.

정원지기 예수님

걱정하지 마십시오. 스스로 일어나 굳건하고 양순하게 온 마음으로 주님을 섬기십시오. 이것이 주님을 섬기는 참된 길입니다.

모든 것을 하겠다고 나서지 말고, 단 한 가지만을 해 보십시오. 그러면 많은 일을 하게 될 것입니다.

극기를 실천하십시오. 극기는 자주 평범한 모습을 보여 줄 것입니다. 이는 바로 그대가 해야 할 첫째 의무입니다. 그다음에야 다른 일들을 할 수 있습니다.

주님께서 그대의 손에 당신 자신을 내어 주시는 십자가에 사랑의 입맞춤을 하십시오. 그 십자가가 값진 것인지, 향내가 나는지 살펴보지 마십시오. 볼품없거나 안 좋은 냄새가 날지라도, 참된 십자가입니다.

마리아 막달레나는 처음에 우리 주님을 꼭 붙잡아 두려고 애썼습니다. 주님께서 자신만을 위한 사람이 되기를 원했습니다. 그러나 주님의 모습은 자신이 바라는 모습이 아니었습니다. 처음에는 주님을 잘 모른 채 주님을 바라보았기 때문입니다. 시골의 평범한 일꾼이나 정원지기 같은 모습이 아니라, 영광에 빛나는 옷을 차려입으신 주님을 보고 싶어 한 것입니다. 그렇지만 주님께서 "마리아야!" 하고 부르셨을 때에, 마침내 그분께서 바로 우리 주님이심을 알았습니다(요한 20,14-16 참조).

날마다 이곳저곳에서 우리가 만나는 일꾼들이나 정원지기 같은 옷을 입으신 분이 바로 주님이심을 그대는 압니다. 우리가 생각하기에 굴욕적인 모습으로 일상적인 고행을 하시는 것입니다.

우리는 언제나 고귀해 보이는 사람들을 만나고자 합니다. 그러나 고귀해 보이는 사람이 좋은 사람은 아닙니다. 우리가 영광에 빛나는 주님을 뵙기 전에 주님께서는 당신의 계획에 따라 우리 밭이나 정원에 겸손한 꽃들을 많이 심으려고 하십니다. 이것이 바로 주님께서 일꾼의 옷을 입고 계시는 까닭입니다. 우리 마음을 주님의 마음에 일치시키고, 우리 의지를 주님의 기쁨에 결합시키는 것이 바로 우리의 임무입니다.

가시 속의 장미

겸손하고도 작은 덕행들이 피어 있는 낮은 골짜기로 내려가 봅시다. 가시넝쿨 속에 핀 장미꽃들을 보게 될 것입니다. 장미꽃은 안팎의 아픔 속에서 빛나는 사랑입니다. 그 골짜기에서는 순결한 백합꽃과 고행하는 제비꽃도 볼 수 있을 것입니다.

우리는 다른 꽃보다 이 세 가지 작은 덕을 사랑해야 합니다. 온화한 가슴과 가난한 마음과 단순한 삶을 사랑해야 합니다. 하루하루의 삶에서 아픈 사람들을 찾아보고, 가난한 사람들을 섬기며, 고통받는 사람들을 위로해야 합니다. 이 모든 일을 자유로이 해야 할 것입니다.

걱정하지 마십시오. 우리의 팔은 레바논의 삼나무 꼭대기까지 오를 힘이 없습니다. 그렇지만 우리는 골짜기에서 자라는 우슬초의 도움만으로도 만족할 수 있습니다.

덕행의 선택

온화한 사람이 되십시오. 성향이나 욕망에 따라 살아서는 안 됩니다. 이성과 경건한 신앙심에 따라 살아야 합니다.

주님의 섭리로 맡겨진 사람들을 포근하게 사랑하십시오. 낮추어 겸손하게 모든 사람을 대하십시오. 마음을 평온하게 간직하여 언제나 평화를 이루십시오.

나쁜 성향들을 억누르고, 그와 반대되는 덕행들을 애써 부지런히 실천하십시오. 덕행을 사랑하기보다 악습을 두려워하기 때문에 고통을 받는 것입니다.

이 말씀을 마음에 잘 새겨 두십시오. 참된 온유와 겸

손으로 행동하도록 마음을 조금씩 다잡아 간다면 용기가 솟아날 것입니다.

자주 온유와 겸손을 생각해야 합니다. 아침마다 일어나자마자 처음으로 하는 일을 온유와 겸손으로 하겠다고 다짐하면, 하느님께서 수많은 위로를 보내 주실 것입니다.

잊지 마십시오. 언제나 영원을 생각하며, 마음을 드높이 하느님께 올려 드리십시오.

신심의 형태

기도하는 습관을 들이십시오. 이렇게 권유합니다.

일어나자마자 그날 해야 할 일들을 기도로 준비하십시오. 점심을 먹기 전에 마음속으로 기도를 하십시오. 시간 여유가 생기면 한 시간쯤 묵상 기도를 하십시오.

저녁 식사를 하기 전에 일을 물리고 짧은 묵상 기도를 하십시오. 아침에 한 기도를 계속하거나 다른 간절한 열망들을 하느님께 거듭거듭 말씀드리십시오.

하루 동안, 일을 하는 틈틈이, 할 수 있는 대로 자주 자신을 성찰해야 합니다. 무슨 일 때문에 마음이 산란해지는지, 품에 계속 주님을 안고 있는지 스스로 살펴보십시오. 어찌해야 할지 모르겠거든 차분히 마음을 모아 편안하게 가다듬으십시오. 그리고 자신이 성모님처럼 일한다고 상상해 보십시오. 성모님은 아기이신 주님의 손을 잡고, 주님을 업고 조용히 일하십니다.

평화를 누리는 평온한 마음으로 늘 겸손한 행동을 하도록 노력하십시오. 그리하여 마음을 온유하게 길들이십시오. 여기저기서 일어나는 크고 작은 유혹에 논쟁으로 맞서 싸우려고 하지 마십시오. 그저 마음을 십자가에 못 박혀 계시는 예수 그리스도께 가져다 드리십시오.

수많은 기도문을 외우느라고 애쓰지 마십시오. 기도할 때는 언제나 마음을 모아 기도하십시오. 지금 바로 그렇게 해 봅시다. 주님의 기도나 성모송, 또는 삼종 기도만이라도 마음을 모아 바치면 충분합니다. 마음이 온유해지고 평화를 누릴 수 있습니다.

우리 마음속에 계신 예수님

세상에 살면서도 마음속에 줄곧 예수 그리스도를 모시고 있다면 얼마나 행복하겠습니까! 주님께서 우리에게 남겨 주신 중요한 가르침을 기억하십시오. 짧은 말씀이니 누구나 기억할 수 있습니다.

"나는 마음이 온유하고 겸손하니, 나에게 배워라."(마태 11,29 참조)

이웃에게는 온유한 마음을, 하느님께는 겸손한 마음을 가지는 것이 신앙생활의 모든 것입니다. 순간순간마다 이웃을 온유한 마음으로 대하고 구세주께 겸손한 마음을 드리십시오. 주님께서 마음속에 계신다면, 이 거룩하고 자상한 벗이 그대의 마음속에 자리 잡고 계신다면, 부질없고 하찮은 세상일들 가운데서도 평화를 누릴 것입니다.

마음의 평화와 겸손

아무것도 우리를 괴롭히지 못합니다. 자기애나 자존감 같은 수많은 감정으로 마음이 산란해져서는 안 됩니다. 기도하며 바라는 감정으로, 묵상하며 기대하는 내적인 감미로움으로 마음이 부드러워지지 않는다면 슬플 것입니다. 어떤 어려움 때문에 좋은 일을 하지 못한다면, 어떤 장애물이 계획을 가로막는다면, 우리는 이를 극복하려고 초조해하며 애를 쓸 것입니다.

왜 그럴까요? 우리가 자신의 안락과 편의와 위로를 좋아하기에 그렇습니다. 우리는 따뜻한 위로 속에 잠기듯 기도하려고 하며, 달콤한 디저트를 먹듯이 덕을 쌓으려고 합니다. 그러나 그러한 순간에 우리는 감미로우신 예수님을 바라보지 못합니다. 우리 주 예수님께서는 땅에 엎드리시어 당신이 겪으시는 내적 투쟁의 번민으로 피땀을 흘리십니다(마르 14,35; 루카 22,44 참조).

불안의 원인은 자기애와 자신을 높이 보는 자존감입니다. 죄를 짓거나 불완전한 모습일 때 우리는 괴로워합니다. 자신이 훌륭하고 확고하고 진실한 사람이라고 생각하기 때문입니다. 그렇기에 모습이 그 반대로 드러나거나, 얼굴에 더러운 얼룩이 묻으면 우리는 불안하고 불쾌해지며 괴로워합니다. 그러나 우리가 자신을 제대로 이해한다면, 언제나 서 있을 수 있음에 놀라게 될 것입니다.

우리가 겪는 불안의 또 다른 원인은 우리가 위로만을 바라기 때문입니다. 그래서 보잘것없고 어리석은 자신의 비참한 모습을 보고 깜짝 놀라는 것입니다.

평화를 누리기 위하여 해야 할 세 가지 일이 있습니다. 첫째, 모든 일에서 하느님의 영예와 영광만을 바라는 순수한 지향을 가지십시오. 둘째, 그 지향을 위하여 우리가 할 수 있는 작은 일들을 하십시오. 셋째, 그 밖의 모든 일은 하느님의 보살핌에 맡겨 드리십시오.

하느님께서 우리의 목적이시고 우리가 그분을 위해 할 수 있는 모든 것을 다했다면, 왜 자신을 괴롭힙니까? 무엇을 불안해합니까? 무엇을 두려워합니까? 하느님께서는 당신을 사랑하는 사람들에게 그토록 가혹한 분이 아니십니다. 하느님께서는 우리가 가진 것이 작다는 것을 아시기에 당신 스스로 작은 일에 만족하십니다.

주님께서는 성경에서 '평화의 군왕'이라 불리십니다(이사 9,5 참조). 주님께서는 절대적인 스승님이시기에 평화에 관한 모든 것을 가지고 계십니다. 그렇지만 그분께서는 어떤 곳에 평화를 주시기 전에 먼저 전쟁을 가져다주십니다(마태 10,34-36 참조). 우리 마음과 영혼을 가장 소중하고 친숙한 일상의 애착에서 떼어 놓으십니다.

주님께서 우리를 이러한 애착에서 갈라놓으실 때에, 우리 마음은 쓰라리게 아플 것입니다. 그분께서 우리 마음을 활활 불태우시는 듯 보일 것입니다. 그러한 갈라놓음은 몹시도 고통스러워서, 우리는 거의 혼신의 힘을 다해 저항하며 싸울 수밖에 없습니다.

그러나 이렇게 불타고 나면 마침내 평화가 넘칩니다. 주님께 우리 의지를 다 맡기고, 그 의지를 하느님의 기쁨에 단단히 못 박아 놓게 됩니다. 우리 임무를 힘차게 완수하게 됩니다. 우리는 겟세마니 동산에서 피땀을 흘리신 주님의 고뇌를 그 표본으로 삼아야 할 것입니다. 주님께서는 거기서 내적·외적 번민에 짓눌리셨지만, 하느님 아버지의 뜻에 당신 자신을 평화로이 맡기며 이렇게 말씀하셨습니다.

"제 뜻이 아니라 아버지의 뜻이 이루어지게 하십시오."(루카 22,42)

그리고 주님께서는 당신을 버리고 잠이 든 제자들을 세 번이나 깨우실 때에도 이 평화를 유지하셨습니다. 죄악과 고통과 처절하게 싸우시는 전쟁에서도 주님께서는 '평화의 군왕'으로 머무르셨습니다.

주님의 이러한 모습을 되새기며 다음과 같은 가르침을 이끌어 낼 수 있습니다.

첫째, 우리는 번민할 때 평화를 잃어버렸다고 잘못 생각하곤 합니다. 우리가 줄곧 자신의 뜻을 버리고 모든 것이 하느님께서 기뻐하시는 대로 이루어지기를 바란다면, 번민에도 아랑곳하지 않고 임무를 수행해 나가야 할 것입니다. 그때에 우리는 평화를 간직할 수 있을 것입니다.

둘째, 우리가 고통을 받을 때에 하느님께서는 우리에게서 옛 인간의 껍질을 모조리 벗기시어 "하느님의 모습에 따라 창조된 새 인간"(에페 4,24)으로 만들어 주십니다. 그러므로 우리는 고통이 따른다고 번민하지 말아야 하며, 우리가 주님의 눈에 수치스럽게 보일 것이라고도 생각지 말아야 합니다.

셋째, 우리를 불안하고 초조하게 하는 온갖 생각은 평화의 군왕이신 하느님에게서 나오지 않습니다. 그러한 생각들은 원수에게서 나오는 유혹이므로, 우리는 반드시 그러한 생각들을 물리쳐야 합니다.

우리는 항상 평화 속에 머물러야 합니다. 내적·외적 고통이 우리를 괴롭히더라도 이를 다른 사람에게 미루지 말고, 그 고통을 평화로이 받아들여야 합니다. 또한 죄악을 회피해야 한다면, 번민하지 말고 아주 조용히 벗어나야 합니다. 그렇지 않으면 죄악에서 벗어나지 못해 원수에게 우리를 죽일 기회를 주고 말 것입니다. 해야 할 좋은 일이 있으면 평화로이 그 일을 하십시오. 서두르면 많은 잘못을 저지르게 될 것입니다. 참회마저도 평화로이 해야 합니다. 참회자는 이렇게 말합니다.

"보소서, 저의 쓰디쓴 쓰라림이 평화로 바뀌었습니다."(이사 38,17 참조)

겸손이라는 덕행이 있습니다. 이는 자신의 불완전함 때문에 괴로워하지 않도록 이끄는 덕행입니다. 또한 다른 사람의 결점을 기억해 두지 않도록 이끄는 덕행이기도 합니다. 우리가 형제들보다 완전해져야 하는 이유는 무엇입니까? 자신의 결점도 많은데, 다른 사람이 지닌 결점을 이상하게 볼 까닭이 무엇입니까?

겸손은 완전한 사람들과 불완전한 사람들에 대하여 모두 온유한 마음을 지니게 해 줍니다. 완전한 사람들은 존경으로 대하고 불완전한 사람들은 연민으로 대하게 해 줄 것입니다. 또한 우리가 고통을 받아 마땅하다는 것을 깨닫고 온갖 고통을 온유하게 받아들이게 해 줄 것입니다. 그리고 좋은 일이 생겼을 때 우리에게 자격이 있어서 받은 것이 아니라 주님께서 주신 선물임을 깨닫고 감사를 드리게 해 줄 것입니다.

날마다 우리는 무슨 일에서든 반드시 겸손하게 행동하며, 진심으로 겸손하게 말해야 합니다. 우리 집 안에서나 세상에서나 어떻게든 겸손하게, 우리 자신을 종의 수준으로 낮추어 말하고, 다른 사람들을 섬기는 말을 해야 합니다.

성숙한 그리스도인

주님께서 복을 내리시어 당신을 위로해 주시고, 이를 주님의 기쁨으로 삼으시도록 간청하십시오. 영혼이 주님의 거룩한 사랑으로, 그분 성심의 거룩한 겸손과 온유함으로 흘러넘치게 해 주시도록 간청하십시오.

주님의 사랑은 결코 겸손과 온유함에서 멀어지지 않습니다. 겸손과 온유함은 주님의 사랑에서 나옵니다. 그러니 영혼에 온갖 결점이 있다 해서 스스로 놀라거나 화내지 마십시오. 그것이 늘 고백해 온 것이라 해도 말입니다. 삶을 바로잡기 위하여 그러한 결점들을 거부해야 하지만, 분노가 아니라 평온한 마음과 용기로 그 결점들에 맞서야 합니다. 그러면 그 결점들을 바로잡겠다는 확실하고도 확고한 결단을 내릴 수 있습니다.

편안한 마음으로 성숙한 숙고를 통하여 내린 이러한 결단은 인간적인 감정들을 다스리면서도 이 결단을 이행하는 참된 수단을 선택하도록 도와줄 것입니다.

저는 인간적인 감정들을 버리라고 권유하지 않습니다. 그 감정들을 잘 다스려야 합니다. 그리하면 짧은 영적 독서와 기도를 준비하며 하느님께 마음을 들어 올릴 시간을 찾을 것입니다. 또한 마음이 침착함을 되찾아 온유하고 겸손한 자세로 평화를 누릴 것입니다.

마음을 다잡아 이러한 결단을 마음속 깊이 새기십시오. 무엇보다 이웃에 대한 불만과 증오를 버리십시오. 이는 우리가 쉽게 알아차리지 못하지만 누구도 쉽게 피하지 못하고 영혼에 상처를 입히는 결점이니 반드시 고쳐야 합니다. 결코 그래서는 안 되는 일인데도, 이웃에 불평을 터트리거나 이웃을 질책하는 일은 한 번으로 끝나지 않습니다.

우리는 언제나 처음처럼 우리의 불평불만을 끝없이 되풀이해 말합니다. 이는 건강하지 못한, 병든 마음을 드러내는 표시입니다. 강인하고 건강한 마음은 매우 중대하고 심각한 문제들에 관해서만 슬퍼합니다. 심각한 문제일지라도 건강한 마음은 원한을 품지 않고, 스스로 괴로워하지 않을 수 있습니다.

양심에 짓눌려

영혼의 구원자는 그분을 섬기고자 하는 원의를 주실 때 반드시 힘과 수단도 주십니다. 우리를 속량하신 구세주의 성심은 그분의 거룩한 사랑을 조건 없이 섬기고자 하는 사람들에게 유익하도록 세상 모든 일을 조치하고 조절하여 주십니다.

우리가 갈망하는 그 시간, 주님의 섭리로 주님 자비의 신비 안에서 지정된 그날은 분명히 옵니다. 그날은 수없이 많은 은밀한 위로와 함께 다가올 것입니다. 그대의 마음이 하느님의 선하심에 열려, 돌 같은 마음이 따뜻한 물로 바뀌고, 뱀이 지팡이로 변하며, 마음속 가시덤불이 장미꽃으로 피어나 그 감미로운 향기가 영혼에 생기를 불어넣어 줄 것입니다.

우리 마음속에 있는 결점들이 수많은 가시들을 품었다 하더라도, 양심에 짓눌려 그 가시가 드러나자마자 향기로운 꽃송이들로 변합니다. 악의가 마음속에서 가시들을 품었다 하더라도, 성령의 선하심이 이를 쫓아내 버리십니다.

하느님의 뜻을 받아들이기

　혼자 있을 때나 산책할 때, 눈을 들어 온 우주에 대한 하느님의 뜻을 바라보십시오. 하늘과 땅 위와 땅 아래에 있는 만물이, 하느님의 자비와 정의가 만들어 낸 모든 작품들이 어떻게 하느님의 뜻을 드러내는지 보십시오. 온전히 거룩하시고 의로우시며 아름다우신 하느님의 뜻을 지극한 겸손으로 받아들이고 찬미하며 찬양하십시오.

　그다음에 하느님의 특별한 의지로 눈을 돌리십시오. 하느님께서는 당신 자녀들을 사랑하시며, 시련과 위로의 수많은 작품을 특별한 의지로 자녀들 안에서 완성해 내십니다. 잠시 이 의지를 숙고해 보십시오. 하느님의 다양한 위로뿐만이 아니라 선善 때문에 겪는 온갖 시련도 생각해 보십시오. 그러고는 하느님의 이 특별한 의지 전체를 지극한 겸손으로 받아들이고 찬미하며 찬양하십시오.

마지막으로, 자신에 대한 하느님의 뜻을 곰곰이 헤아려 보십시오. 좋든 나쁘든 자신에게 닥치는 모든 일, 죄를 제외하고 일어날 수 있는 모든 일에서 하느님의 뜻을 찾으십시오. 그러고는 이 모든 뜻을 받아들이고 찬미하며 찬양하십시오.

또한 하느님의 뜻을 언제나 존중하고 소중히 간직하며 흠숭하겠다는 자신의 지향을 밝히며, 자신의 삶과 사랑하는 사람들의 삶을 하느님의 자비에 맡겨 드리고 하느님께 바치십시오.

하느님께서 우리를 위하여, 우리의 행복을 위하여 모든 일을 하시리라 믿고, 하느님의 뜻을 따르겠다는 커다란 신뢰의 기도로 마치십시오. 이러한 묵상과 기도를 두어 번 하고 나서, 이를 짧게 줄이거나 다른 좋은 방식으로 바꿀 수 있습니다. 짧은 염원으로 하느님의 뜻을 자주 떠올리십시오.

성모님의 방문

성모님이 머무르시는 석 달 동안 지극히 아름다운 백합의 사랑스러운 향기가 엘리사벳의 온 집 안에 가득 찼습니다. 성모님과 엘리사벳은 모두 여러 가지 일로 분주했습니다. 성모님은 매우 뛰어난 말씀 몇 마디로 그분의 거룩한 입술에서 고귀한 향유와 생청을 쏟아 내셨습니다(아가 4,11 참조). 성모님이 무엇 때문에 당신 태중에 모시고 다니시는 분이 아닌 다른 사람들과 어울리셨겠습니까? 성모님은 예수님을 모시고 다니셨는데 말입니다.

하느님, 그렇게 자주 성체를 받아 모셨음에도 아직 저는 제 안이 자신으로 가득 차 있습니다. 놀랍습니다! 오 사랑하는 예수님, 저의 내면에서 아기가 되시어, 제가 마음속에서 주님만을 느끼고 오직 주님과 함께 숨을 쉬게 하소서.

아, 슬픕니다. 주님께서는 자주 제 안에 들어오시는데, 저는 왜 그렇게 주님 안에 있지 못할까요? 주님께서는 제 안으로 들어오시는데, 저는 왜 그렇게 자주 주님의 밖에 있을까요? 주님 안에서 저희 마음을 지니고 다니시는 주님의 지극한 사랑을 찾게 해 주소서!

영혼의 평화를 유지해야

어느 누구도 자신의 영혼을 가르치는 스승이 될 수는 없습니다. 짧은 시간에 자신의 영혼을 확고히 붙들고 첫걸음부터 가르칠 수는 없는 것입니다. 때때로 제멋대로 구는 욕망을 그때마다 다스리는 조그만 승리를 얻는 것으로 만족해야 할 것입니다.

다른 사람들을 관대하게 대해야 합니다. 그렇지만 먼저 자신에게 너그러움을 베풀고, 완덕에 이르지 못한 자신의 결점을 참아 내야 합니다. 일상적인 삶의 투쟁을 견뎌 내지 못하고서 어찌 내적인 평화를 바랄 수 있겠습니까?

다음과 같은 실천을 계속해 보십시오. 아침에 영혼이 평화를 누리도록 다잡으십시오. 하루 종일 그러한 다짐을 기억하고 거듭 재확인하도록 하십시오. 불안해지더라도 낙담하거나 괴로워하지 마십시오. 상황을 제대로 파악하고 나서 고요히 하느님 앞에서 자신을 낮추고, 마음이 평화를 다시 찾도록 노력해 보십시오. 영혼에게 이리 말하십시오.

"친구야, 우리가 발을 잘못 디뎠나 봐. 더 조심스럽게 나아가자."

잘못할 때마다 그렇게 하십시오. 평화를 누릴 때에 시간을 선용하십시오. 할 수 있는 대로 겸손한 행동을 많이 하십시오. 하찮은 일이라도 겸손하게 행동하십시오. 주님께서 말씀하신 대로 아주 작은 일에 성실한 사람은 그에게 맡겨진 큰일에도 성실할 것입니다(마태 25,21-23; 루카 6,10 참조). 그 무엇보다도, 용기를 잃지 마십시오. 인내하십시오. 연민의 마음을 지니고 깨어 있으십시오. 하느님께서 당신 팔로 안아 주실 것입니다.

하느님께서 발걸음이 휘청거리게 내버려 두신다 하더라도, 이는 오직 그분께서 붙잡아 주시지 않으면 그대가 완전히 쓰러지리라는 것을 깨닫게 하시려는 의도입니다. 그러므로 하느님의 손을 꼭 붙잡으십시오.

하느님 사랑하기

하느님에 대한 사랑이 마음에 가득합니까? 하느님께서 온갖 감정의 고삐를 잡고 모든 욕망을 다스리십니까?

하느님께서는 그렇게 하십니다. 그러나 언제나 그대의 응답을 듣고 기뻐하시는지 여쭈어보아야 합니다. 우리가 흔히 사람들에게 이렇게 물어보듯이 말입니다.

"어떻게 지내세요? 잘 지내시죠?"

그들의 건강한 모습을 보고 확인할 수 있는데도 물어봅니다. 한편 우리의 덕행이나 한결같은 믿음에 의심을 품지는 않아도, 누군가 "하느님을 사랑하세요?" 하고 묻는다면, 우리는 이를 못마땅하게 여길 것입니다. 그러나 우리가 참으로 하느님을 사랑한다면, 그 사랑을 자주 생각하며 기뻐할 것입니다. 하느님께 말씀을 드리고 하느님에 대하여 자주 이야기를 나누며, 성체성사 안에 계신 하느님과 함께 지내고자 할 것입니다. 하느님께서 영원히 우리 마음속의 마음이 되어 주시기를 빕니다.

예수님을 모시고 다니며

우리는 사랑하는 예수님을 받아 모시고 다닌다는 오직 하나의 동기動機로 이 세상을 살아갑니다. 입으로 예수님을 받아 모시고, 예수님에 관한 이야기를 나눕니다. 손으로 예수님께서 하시는 좋은 일들을 합니다. 내적으로든 외적으로든, 우리의 어깨로 예수님의 무거운 짐과 온갖 고통을 지고 다닙니다. 예수님을 온유하고 성실하게 모시고 다니는 사람들은 얼마나 행복하겠습니까!

저는 실제로 날마다 예수님을 제 입으로 모시고 다녔습니다. 고해성사 때에 저는 예수님을 이집트로 모셔 갔습니다. 저에게는 그렇게 보입니다. 수많은 참회자들이 자신의 죄 많은 영혼 안에 예수님을 받아 모시려고 커다란 신뢰심으로 고백하는 이야기를 듣고 저는 그렇게 여겼습니다. 오, 하느님께서는 이집트에 기꺼이 머물고자 하십니다!

구원의 위대한 말씀은 오직 하나밖에 없습니다. 예수님! 오직 예수님밖에 없습니다. 적어도 한 번은 이 거룩한 이름을 온 마음으로 부르게 되기를 바랍니다. 예수님을 부를 때에 우리 영혼의 온갖 능력에 엄청난 향유가 쏟아집니다. 아무것도 모른다 해도 오직 예수님만 안다면 얼마나 행복하겠습니까! 아무것도 기억하지 못해도 오직 예수님만을 기억한다면, 아무런 의지가 없다 해도 오직 예수님만 계신다면, 아무런 생각이 들지 않는다 해도 오직 예수님만 계신다면, 우리는 얼마나 행복하겠습니까!

예수님께서는 우리 안 어디에나 계실 것이고, 우리는 모두 그분 안에 있습니다. 할 수 있는 대로 자주 예수님의 이름을 불러 봅시다. 지금은 좀 더듬거린다 해도, 마침내 예수님의 이름을 잘 부르게 될 것입니다.

우리의 십자가를 지고 가야

 태어나실 때부터 돌아가실 때까지 온갖 고통을 겪으신 주님을 바라보면, 우리는 이 세상에서 가장 깊은 평화를 누릴 수 있습니다. 주님의 생애에서 수많은 중상모략, 예속, 고뇌, 상처, 온갖 쓰라린 아픔과 가난을 봅니다. 이를 묵상할 때 우리가 겪는 작은 시련을 고통과 환난이라고 내세우는 것이 잘못임을 깨달을 수 있습니다.

 실제로 자신을 아주 조금만 낮추어도 우리에게 일어나는 시련을 충분히 견뎌 낼 수 있습니다. 그러나 우리는 이 시련을 이겨 내는 데에 엄청난 인내가 필요하다는 잘못된 생각을 가지고 있습니다. 그러한 불안과 두려움과 슬픔은 영혼이 아직 십자가 사랑 안에 충분히 들어서지 못했기 때문에, 모든 것을 하느님의 뜻에 온전히 맡겨 드리지 못했기 때문에 발생하는 것입니다.

십자가에 못 박히신 예수 그리스도를 극진히 공경하고, 주님의 고통과 고난과 굴욕과 수치, 주님의 굶주림과 목마름까지 사랑하는 사람은 이를 조금만이라도 나누어 받게 될 때, 매우 기뻐하며 이를 사랑스럽게 받아들입니다.

날마다 우리는 우리를 구원하려고 겪으시는 주님의 고통을 마음속에 새겨야 합니다. 기도할 때만이 아니라 산책하거나 다른 일을 할 때에도 마음속에 늘 주님의 고통을 간직해야 합니다. 주님의 고통을 조금이라도 나누어 받는 것이 얼마나 좋은 일인지 생각해 보십시오. 그리고 어떻게 그리할 것인지 찾아보십시오. 온갖 욕망을, 특별히 매우 공정하고도 정당한 열망을 좌절시키는 방법을 찾아내십시오. 그런 다음에 주님의 수난과 십자가를 향하여 커다란 사랑으로 외치십시오. 안드레아 사도와 함께 말입니다.

"오, 복된 십자가여, 저의 구원자께서 극진히 사랑하시는 십자가여, 그 십자가의 두 팔로 언제 저를 받아 주시겠습니까?"

유혹에 맞서

유혹은 거듭거듭 다가옵니다. 그 유혹에 빠지지 않아도, 굴복할 때까지 끊임없이 나타납니다. 유혹에 빠지지 않는 것은 좋은 일입니다. 그렇다고 너무 지나치게 그 유혹을 두려워해서는 안 됩니다. 유혹을 두려워하지 않는다면, 어떠한 유혹도 해를 미칠 수 없습니다.

유혹에 너무 민감해지면 안 됩니다. 믿음을 사랑하며 한 가지라도 그 믿음에 어긋나는 생각이 들지 않기를 바랍니다. 그러한 생각이 들면, 놀라 어쩔 줄 모르고 이내 슬퍼집니다. 또한 이 순결한 믿음을 지키려고 애쓰지만, 그러한 생각이 모든 믿음을 날려 버리는 듯합니다. 그저 바람이 불도록 내버려 두십시오. 바람에 날리는 나뭇잎들을 수없이 격전을 치르는 군대로 여기지 마십시오.

얼마 전에 제가 양봉장에 가까이 다가갔더니, 벌들이 날아와 제 얼굴에 앉았습니다. 저는 그 벌들을 손으로 쫓아 버리려고 했습니다.

"안 돼요."

벌을 치는 분이 말했습니다.

"두려워하지 마십시오. 벌을 손으로 건드리지 마세요. 가만히 있으면 쏘이지 않을 겁니다. 건드리면 진짜로 벌에게 쏘일 것입니다."

그 말을 믿었더니 한 번도 벌에 쏘이지 않았습니다.

저를 믿으십시오. 유혹을 두려워하지 마십시오. 괜히 건드리지 마십시오. 그러면 어떠한 유혹도 그대를 해치지 못할 것입니다. 어떠한 유혹이라도 그냥 지나가게 내버려 두십시오. 거기에 관심을 기울이지 마십시오.

유혹은 우리를 교묘하게 영원한 참회로 밀어 넣는 고통을 일으킵니다. 이 고통에서 생기는 상처를 치유할 인간적인 치료제는 없습니다. 유혹은 하느님의 섭리로 한바탕 몰아치는 바람입니다. 휩쓸리지 않고 그냥 내버려두면 엄청난 보화를 쌓을 것입니다! 반드시 가시넝쿨 속에 핀 진정한 장미꽃을 간직하고, 그 장미꽃으로 살아가야 합니다.

무거운 짐

　가정이나 일터에서 온갖 어려운 일들이 홍수처럼 밀려듭니다. 그럴 때일수록 더욱더 주님을 부르고 주님의 거룩한 도우심을 간청해야 합니다. 그러면 해야만 하는 그 일이 그분 마음에 들게 됩니다. 우리가 그분의 영예와 영광을 위하여 그 일을 기꺼이 받아들이게 될 것입니다.

　우리의 수명은 짧습니다(욥 14,1 참조). 그렇기에 우리는 오랫동안 일할 수 없습니다. 조금만 참아 내면 만족스럽게, 또 영예롭게 그 일을 마치게 됩니다. 고통스럽더라도 그 노고를 짊어지고 열심히 일해야 이 삶을 마치는 날에 커다란 위로를 받게 될 것입니다.

아무리 바빠도 기도는 해야

 우리가 하는 기도의 길이는 하는 일의 많고 적음에 따라 달라집니다. 끊임없이 바쁘게 산다 해도 그러한 삶 속에 우리를 안배하신 주님을 기쁘게 해 드릴 수 있습니다. 아무리 바빠도 짧은 기도를 하는 법을 익힙시다. 극히 예외적인 경우가 아니라면 기도를 빼먹지 않는 습관을 들입시다.

 아침에 일어나서 하느님 앞에 무릎을 꿇고, 하느님을 흠숭하는 마음으로 십자 성호를 그으며, 그날의 모든 일에 강복해 달라고 간청하십시오. 이렇게 짧은 아침 기도는 주님의 기도를 한두 번 바칠 시간에 마칠 수 있습니다.

미사에 참여한다면 경건하게 마음을 모아 하느님의 말씀을 들으십시오. 미사 때는 이것만으로도 충분합니다. 저녁 식사 전후에는 간절한 기도를 바칠 시간을 쉽게 낼 수 있습니다. 이 시간에 주님의 기도를 한 번 바칠 만큼이라도 틈을 내어 주님께 자신을 봉헌하십시오. 여유 시간에 이렇게 조금의 틈을 낼 수 없을 만큼 바쁜 경우는 거의 없을 것입니다.

밤이 되어 하루를 마치기 전에, 어디에서 무슨 일을 하든 그날의 일을 대강이라도 다시 살피며 성찰하십시오. 잠들기 전에는 무릎을 꿇고서 그날 저지른 잘못에 대하여 하느님께 용서를 빌며 보호해 달라고, 복을 내려 달라고 기도하십시오. 성모송을 한 번 바칠 만큼 짧은 시간이면 이러한 기도를 드릴 수 있습니다.

그 무엇보다도 온종일 거듭거듭 하느님께 마음을 모으고, 끊임없이 믿음과 사랑의 말씀을 드리십시오.

끊임없는 미사 참여

 믿음이 굳건해야 합니다. 하느님의 뜻에 어긋나는 욕망은 계속 감출 수 없습니다. 소죄에 지나지 않는 욕망이라 하더라도, 때로 어떤 결점이나 나쁜 성향이라 해도 그대의 평온을 깨뜨릴 수 있습니다.

 끊임없이 성체를 받아 모십시오. 더 이상 의심하지 말고 충실한 믿음으로 마음을 다잡으십시오. 부유함 속에서 가난을 실천하고, 아우성 속에서도 평온하고 온유한 마음을 지녀야 하며, 하느님의 섭리로 그대에게 닥치는 모든 일을 기꺼이 받아들이십시오. 하느님을 모시고 있는데, 다른 그 무엇이 필요하겠습니까?

날마다 미사에 참여하는 것이 더 많은 시간을 집에서 기도하는 것보다 훨씬 더 좋습니다. 집에서는 인성을 지니신 주님의 실재적 현존이 우리 마음속의 현존으로 대치代置되지 않습니다. 게다가 교회가 우리의 미사 참여를 간절히 열망합니다. 그러므로 미사 참여가 훨씬 더 좋습니다. 교회의 이러한 열망을 하나의 권유로 받아들이십시오. 그 권유를 따르는 것이 순종입니다. 우리가 그 권유를 따르면 다른 이들에게 좋은 표양이 될 것입니다. 그리하여 다른 사람들도 그 권유를 따르게 될 것입니다.

부모와 선생님

 어린 자녀를 키우고 가르치는 일은 매우 힘듭니다. 아이들은 때때로 키워 주는 사람에게 상처를 입히기도 합니다. 그러니 위대한 사도의 말씀을 우리의 금언金言으로 삼읍시다.

 "기회가 좋든지 나쁘든지 …… 끈기를 다하여 가르치십시오."(2티모 4,2 참조)

 바오로 사도는 먼저 끈기를 다하라고 말합니다. 더 필요한 것이 많겠지만, 끈기 없는 가르침은 쓸모가 없습니다. 성가시게 괴롭히는 아이들을 끈기로 참아 내야 합니다. 끈기를 다해 우리 아이들을 잘 키웁시다. 부지런한

농부의 사랑으로 열매를 내지 못하는 불모의 땅은 어디에도 없습니다.

하느님의 뜻

'경건하고 평화로운 마음을 지니고 싶다.' 이러한 바람은 결코 작은 일이 아닙니다. 경건한 덕행은 하느님께서 기뻐하시는 일을 하겠다는 마음의 자세이자 일반적으로 그런 일을 하는 성향입니다. 이는 다윗이 말한 대로 하느님께 마음을 활짝 열어 드리는 것입니다. 다윗은 이렇게 말했습니다.

"당신께서 제 마음을 넓혀 주셨기에 당신 계명의 길을 달립니다."(시편 119,32)

그저 올바르게 사는 사람들은 주님의 길을 걸어갑니다. 그러나 경건한 사람들은 그 길을 달려갑니다. 더욱더 경건해지면, 그들은 날아갑니다. 그럼 참으로 경건해지려면 따라야 할 몇 가지 규칙을 여기에 제시합니다.

하느님의 계명을 준수해야 합니다. 그리고 충실한 모든 그리스도인을 위하여 세워진 교회의 가르침을 따라야 합니다. 그렇지 않으면 결코 경건하게 살 수 없습니다. 특히 일반적인 계명을 넘어 우리의 소명과 관련된 특별한 계명을 더욱 조심스럽게 지켜야 합니다. 그렇게 하지 않는 사람은 비록 그가 죽은 사람을 소생시킨다 하더라도 죄의 상태에 빠지게 될 것이고, 죽어서는 단죄를 받을 것입니다.

예를 들면, 주교들은 자신이 맡은 양 떼를 찾아가 그들을 가르치고 꾸짖고 위로하라는 명령을 받은 이들입니다. 그런데 주교인 제가 한 주 내내 기도만 하겠다고 머물러 있다면, 저의 온 생애는 재빨리 지나가 버리고 규정된 이러한 임무들을 소홀히 한 채 죽게 될 것입니다.

혼인을 한 사람이 기적을 일으킬 수 있다 하더라도, 혼인의 의무를 이행하지 않거나 자녀들을 돌보지 않는다면, 그는 '믿지 않는 사람보다 더 나쁜'(1티모 5,8 참조) 사람이 될 것입니다.

그 밖에도 경건함의 토대로서 조심스럽게 생각해 보아야 할 두 가지가 있습니다. 경건한 덕행은 단순히 계명을 지키는 것만을 의미하지 않기 때문입니다. 경건한 덕행은 곧바로, 또 기꺼이 계명을 지키는 것을 의미합니다. 다음과 같은 생각을 해 보는 것은 그대가 즉각적으로 순종하는 이러한 자세를 지니는 데 도움이 될 것입니다.

첫째는 하느님께서 우리에게 바라시는 뜻이 있고, 우리도 그분의 뜻을 이루려고 살아간다는 것입니다. 우리는 날마다 "아버지의 뜻이 이루어지소서." 하고 기도합니다. 그러나 막상 하느님의 뜻을 이루어야 할 때는 몹시 어려워합니다. 우리는 하느님께 "주님, 저는 주님의 것"이라고 말씀드립니다. 그런데 하느님께서 우리를 쓰시고자 하면 몹시 겁을 냅니다! 우리가 하느님의 뜻보다 우리의 뜻을 따른다면, 어떻게 우리 자신을 하느님의 것이라고 할 수 있겠습니까?

둘째는 하느님의 감미롭고 자애로우며 온유한 계명이 지닌 본질을 생각해 보면 알 수 있습니다. 일반적인 계명만이 아니라 우리의 소명과 직접 관련된 계명의 본질을 더 많이 생각해 보십시오. 과연 하느님의 계명이 우리를 괴롭힙니까? 그렇지 않습니다. 어떠한 대가를 치르더라도 우리를 지배하려는 우리 자신의 뜻만이 우리를 괴롭힙니다.

우리는 하라고 시키지 않은 일은 하려고 합니다. 그러나 같은 일이라도 하라고 시키면 거부합니다. 수만 가지 달콤한 열매들 가운데서 하와는 자신에게 금지된 단 하나의 열매를 따 먹었습니다. 그 열매를 따 먹으라고 허용하였다면, 분명히 하와는 따 먹지 않았을 것입니다. 우리는 하느님을 섬기고자 합니다. 그러나 하느님의 뜻이 아니라 우리의 뜻에 따라 하느님을 섬기려고 합니다. 우리가 자신의 뜻을 줄일수록, 그만큼 더 쉽게 하느님의 뜻을 따르게 될 것입니다.

요셉 성인

 우리 마음이 사랑하는 복된 요셉 성인의 위대함을 생각해 봅시다. 요셉 성인은 우리 마음이 사랑하는 분을 키워 주셨고 우리의 사랑하는 마음을 키우십니다.

 "주님, 착한 이들에게, 마음 바른 이들에게 선을 베푸소서."(시편 125,4)

 이 말씀에서 우리는 이 성인이 착하고 마음이 바른 분이었다는 결론을 낼 수 있습니다. 하느님께서 이 성인에게 당신 어머니와 당신 아드님을 맡기시며 매우 많은 선을 베풀어 주셨기 때문입니다.

 하느님께서 맡기신 이 두 보물 덕분에 천사들은 요셉

성인을 무척이나 부러워했을 것입니다. 그리고 온 하늘이 그와 똑같이 성모님과 예수님을 모시려고 일어섰을 것입니다. 천사들에게 있는 것 가운데 천사들의 모후와 비교할 만한 게 있을까요? 천사들에게 있는 것 가운데 하느님보다 더 위대한 것이 있을까요?

불완전한 인간

그대가 완덕의 상태에 있는지 알아내려고 애쓰거나 성찰하지 마십시오. 그렇게 하지 말아야 할 이유는 두 가지가 있습니다.

첫째, 부질없는 일입니다. 아무리 완벽한 사람이라도 결코 완전함을 알 수도, 이해할 수도 없습니다. 그 대신 언제나 자신이 불완전하다고 여길 것입니다. 우리는 불완전한지 완전한지를 성찰할 필요가 없습니다. 우리가 불완전하다는 것은 결코 의심할 수 없는 사실입니다.

그러니 우리는 자신이 불완전하다는 것을 알고 놀라서는 안 됩니다. 불완전하다고 하여 슬퍼해서도 안 됩니다. 치유제는 우리 손에 있기 때문입니다. 자신을 겸손하게 낮추어 결점들을 고치거나 불완전한 자신을 조심스럽게 바꿔 나가야 합니다. 불완전하기에 바꿔 나가야 하는 것입니다. 불완전한 자신을 바꾸려 하지 않는 것은 용납될 수 없겠지만, 완전에 이르도록 바꾸지 못하는 것은 용서받을 수 있습니다. 불완전한 결점들을 죄로 여겨서는 안 됩니다.

둘째, 불안과 혼돈 속에서 자신의 완전한 상태를 찾으려는 성찰은 시간 낭비입니다. 그런 일로 스스로를 번거롭게 하는 사람은 지나치게 훈련을 하여 결전의 날에 녹초가 되고 마는 군인이나, 너무 많이 연습하여 목이 쉬고 마는 가수와 같습니다. 너무 깊이 파고들거나 끊임없는 성찰로 마음이 지쳐 정작 필요할 때에는 제대로 성찰을 못 하게 될 수 있습니다.

주님께서 이렇게 말씀하셨습니다.

"네 눈이 맑으면 온몸도 환할 것이다."(마태 6,22 참조)

단순하게 판단하십시오. 거듭거듭 뒤를 돌아보지 마

십시오. 확신을 가지고 곧바로 나아가십시오. 이 세상에 자신과 하느님만이 있다고 생각하십시오. 그 어떠한 것도 그대를 불안하게 괴롭힐 수 없습니다. 하느님께서 원하실 때에 원하시는 만큼 시련을 주실 수는 있습니다. 오직 하느님과 자신만을 바라보십시오. 지극히 선하신 하느님의 호의를 보지 못하면, 결코 하느님을 보지 못할 것입니다. 자신의 비참한 몰골을 보지 못하면 자신을 제대로 보지 못할 것입니다. 하느님과 우리 자신만을 바라보면 하느님께서 지극히 선하신 호의로 우리에게 응답하심을 깨달을 수 있습니다. 하느님께서 호의와 자비를 베푸시는 대상이 바로 비참한 우리 자신임을 깨달을 수 있습니다.

시련 속의 확신

　반갑지 않은 온갖 기분 나쁜 일들은 우리에게 분명히 시련을 가져다줍니다. 그러나 불안에 떨거나 반대에 부딪치고 시련을 겪지 않는다면 언제, 어떻게, 무엇으로 우리가 주님께 마땅히 바쳐야 할 진정한 충성의 증거를 보여 드릴 수 있겠습니까?

　우리는 이러한 시련 속에서 단꿀이 아니라 쓰디쓴 풀을 먹어야 합니다. 주님을 위하여 거룩한 인내로 온갖 반대에 단호히 맞서야 합니다. 이렇게 하는 이들에게 주님께서는 마땅한 계절이 오면 우리에게 성령의 위로를 주실 것입니다. 성경에서는 이렇게 말합니다.

"여러분의 그 확신을 버리지 마십시오."(히브 10,35)

이러한 확신은 우리 힘을 북돋아 줍니다. 우리는 이러한 확신을 갖고 있기에 아무리 힘든 싸움이라 하더라도 커다란 용기로 맞서 이겨 낼 수 있습니다.

강인한 마음

우리는 진리를 고백해야 합니다. 우리는 어떠한 선함도 이룰 수 없는 가련한 사람들임을 고백해야 합니다. 그러나 무한히 선하신 하느님께서는 우리의 작은 발걸음에도 흐뭇해하시며 기꺼이 우리들의 마음을 굳세게 해 주십니다.

우리 마음을 굳세게 해 주신다는 말은 무슨 뜻입니까? 성경에 따르면 "하느님께서는 우리의 마음보다 크시고" (1요한 3,20), 우리의 마음은 온 세상보다 더 큽니다. 우리 마음이 홀로 묵상하는 가운데 마땅히 하느님을 섬기려는 자세를 가다듬을 때, 이를테면, 하느님을 섬기고 하느님께 영광을 드리며, 우리 이웃을 섬기고 안팎으로 감정을 자제하며 다른 선한 목적을 이루려는 계획을 세울 때, 이때가 바로 우리 마음이 기적을 일으키는 때입니다. 가장 놀랍고도 뛰어난 완덕의 경지에 이르도록 우리의 힘을 모으고 행동을 안배하는 때입니다.

지극히 위대하시며 무한히 선하시고 존엄하신 하느님을 생각할 때, 우리는 하느님을 위하여 위대한 영적인 활동을 하고자 할 것입니다. 하느님의 뜻을 따르는 절제된 육신을 바치고, 분심에 빠지지 않고 열렬하게 기도드리며, 허영심과 온갖 괴로움을 털어 낸 겸손하고 온유한 삶을 봉헌하고자 할 것입니다.

우리가 해야 할 이 모든 노력은 모두 선하고 또 잘하는 일입니다. 그러나 우리는 하느님을 섬기기 위하여 더 많은 일을 해야 합니다. 이것이 우리의 의무입니다. 이 모든 것을 넘어서서 우리는 진실해야 합니다. 이는 우리가 우리에게서 불완전함을 보기 때문입니다. 어떻게 육신을 온전히 다스리지 못하는지, 어떻게 분심에 빠져드는지를 보기 때문입니다.

그렇다고 불안해하고 괴로워하며 낙담해야 하겠습니까? 아닙니다. 그래서는 안 됩니다. 우리가 완덕에 이르도록 어떻게든 우리의 노력을 배가해야 할까요? 사실은 그래서도 안 됩니다. 제대로 걸어가려면 우리 앞에 놓인 그 길에 자신을 맞추어 나가야 합니다. 오늘 해야 할 그 일에 적응해야 합니다. 첫날 해야 할 일을 끝내기도 전에 마치 마지막 날의 과업을 완수하려는 듯 부산을 떨어서는 안 됩니다.

요한 세례자

　요한 세례자는 어머니의 태중에서부터 우리 주님을 알아보았습니다. 성모 마리아의 목소리에 주님의 현존을 깨닫고 기뻐 뛰놀았습니다. 이렇게 그는 주님을 뵙고 주님의 말씀을 듣고 주님과 이야기를 나누는 행복을 증언하였던 것입니다. 그렇지만 요한 세례자는 그 모든 행복을 누리지 않았습니다.

　성경은 그가 주님께 단 두 번만 말씀을 드렸다고 증언합니다. 하느님이신 이 구원자께서 유다의 모든 사람과 함께 지내시며 그들을 가르치고 계신다는 것을 알면서도 요한 세례자는 가까운 광야에 홀로 머물렀습니다.

그는 날마다 영적으로 주님을 뵈었지만, 감히 주님을 직접 만나러 가지는 못했습니다. 오직 한 분이신 사랑에, 사랑하는 주님께 그토록 가까이 있었으면서도, 주님을 그토록 사랑하면서도, 주님을 직접 만나거나 주님의 말씀을 듣지 않고 홀로 머무른다는 것. 이와 같은 고행이 어디에 또 있겠습니까?

차분한 열망

　불행의 진정한 원인은 만족시킬 수 없는 수많은 욕망을 지니는 데에 있을지 모릅니다. 다양한 음식도 언제나 소화를 시켜야 하는 부담을 안고 있습니다. 위가 약하면 소화를 못 시켜 그 좋은 음식을 다 망쳐 버릴 것입니다. 육체적인 욕망을 잊고 세속의 애정과 죄악을 몰아낸 영혼이 영적이고 거룩한 열망과 만나면, 수많은 열망으로 허겁지겁 자신을 가득 채워 열망에 짓눌리게 됩니다.

　주님께 도우심을 간청하십시오. 그대가 아는 영성 지도자들에게 도움을 요청하십시오. 그러면 도움이 될 치유제를 알게 될 것입니다. 몇 가지라도 이러한 열망을 추구하기 시작하면, 그 열망들은 계속해서 불어나 마음을 어지럽힙니다. 그대는 거기에서 헤어날 길을 몰라 괴로워할 것입니다.

이러한 문제는 단호하게 다루어야 합니다. 어떤 순서로 다루어야 할까요? 우리의 능력 안에 있는 것부터, 손에 잡히는 외적인 것부터 시작합시다.

예를 들어, 겸허하게 일상의 집안일을 하려 할 때는 주님에 대한 사랑 때문에 병자를 찾아가 봉사하겠다는 열망을 가져야 할 필요가 없습니다. 집안일은 기본적인 것이어서 이를 잘하지 못하면 다른 모든 일도 의심스러워집니다. 분발하여 집안일을 해야 합니다. 집안일을 할 기회는 부족하지 않을 것입니다. 집안일은 온전히 그대의 손안에 있는 일이며, 마땅히 해야 하는 일입니다.

앞에 있는 이 일들을 게을리하면서 집에서 멀리 떨어진 일이나 능력에 벗어나는 일을 하겠다는 열망은 쓸모가 없습니다. 사랑과 겸손과 다른 덕행을 실천하려는 열망에 충실하십시오.

묵상 가운데에서 마음과 마음으로 이야기를 나누기 전에, 마리아 막달레나는 먼저 주님의 발을 닦아 드리고 주님의 발에 입을 맞추었습니다. 주님의 신성에 관상觀想의 향유를 발라 드리기 전에, 주님의 몸에 값진 향유를 부어 드렸습니다.

많은 것을 바란다는 것은 좋은 일입니다. 그러나 우리는 열망에 차분한 질서를 잡아야 합니다. 그 열망을 능력에 따라 알맞은 때에 하나씩 꺼내야 합니다.

포도나무는 가지를 쳐 주어야 충분한 수액으로 많은 열매를 맺을 것입니다. 가지치기는 포도나무의 자연적인 능력이 잎만 너무 무성하게 키우는 데 허비되지 않게 하려는 것입니다. 마찬가지로 우리의 열망이 많이 불어나게 되면, 영혼은 열망을 성취하는 일에 집중하지 못하고 그저 열망을 바라기만 하는 데 만족할 것입니다. 우리 능력에 넘어서는 일을 하겠다는 소원을 쌓아 올리는 것보다 미미한 성취가 훨씬 더 유익할 수 있습니다. 하느님께서는 우리에게 속하지 않은 위대한 일들을 하겠다는 열정을 바라지 않으시고, 당신께서 우리 능력 안에 놓으신 작은 일들을 우리가 더 충실하게 해내기를 바라십니다.

조급함이나 자기애

그대가 말하는 조급함이 참으로 참을성이 없음을 뜻하는 것인지, 아니면 그대가 좀 움츠러드는 성격인 건 아닌지 모르겠습니다. 조급함이라고 하니까 그렇게 생각해야겠지만, 그대의 편지를 보면 마음이 간절히 바라는 일의 도구가 되는 것에 강한 집착을 갖는 것으로도 보입니다.

자, 그대는 하느님을 사랑하며, 또 그 사랑을 키워 가려는 여러 가지 실천과 수련을 하길 간절히 바랍니다. 그러나 이러한 실천에 강한 집착을 보이며 다른 모든 일도 이렇게 실천되기를 바라는 것으로 보입니다. 이것이 바로 그대가 다른 일들로 혼란스러워지거나 그러한 실천을 못 하게 될 때에 불안해하는 이유입니다.

이러한 문제는 불안을 없애려는 노력으로 치유할 수 있습니다. 하느님께서는 지금 있는 그대로, 즉 생활 신분에 부합하는 실천과 덕행을 통하여 그분을 섬기기를 바라십니다. 이러한 사실을 기꺼이 받아들여야 할 뿐만 아니라 스스로 자신의 생활 신분과 그 의무를 사랑해야 합니다. 그대가 그렇게 하기를 원하시는 바로 그분을 위하여 사랑으로 의무를 다해야 합니다.

그대도 알겠지만, 이는 그냥 지나가는 생각이 되어서는 안 됩니다. 그대의 가슴속 맨 앞에 간직해야 할, 명심할 사항입니다. 거듭거듭 계속하여 명심하고 묵상하면, 이 사실이 그대의 마음을 즐겁게 할 것입니다. 저를 믿으십시오. 이러한 조언에 반대되는 것은 무엇이든 자기애입니다.

광야에서

영혼의 메마름이 어디서 나오는지 생각하고 성찰하는 데에 너무 많은 시간을 들여서는 안 됩니다. 우리의 잘못에서 나온다 하더라도 걱정할 필요가 없습니다. 단순하고 온유한 겸손으로 영혼의 메마름을 없애고 주님의 손에 자신을 맡겨 드리십시오. 그러면 주님께서 호의를 베풀어 우리가 그 짐을 지고 가도록 도와주시거나 우리를 용서해 주실 것입니다. 우리는 삶이 어디서부터 달라지는지 알아내려고 할 필요가 없습니다. 그것은 그저 호기심일 뿐입니다. 하느님의 뜻에 자신을 모두 맡겨 드리십시오. 그런 다음에는 그냥 내버려 두십시오.

그리스도인의 자유

우리는 일을 하기 전에 하느님께 간청합니다. "아버지의 이름이 거룩히 빛나시며, 아버지의 나라가 오시며, 아버지의 뜻이 하늘에서와 같이 땅에서도 이루어지소서!"라고 말입니다.

이러한 염원은 진정한 자유란 무엇인지 알려 줍니다. 하느님의 이름이 거룩히 빛나고, 임금이신 하느님께서 우리를 다스리시며, 하느님의 뜻이 이루어지면, 우리에게 필요한 것은 더 이상 없을 거라는 것이지요.

이렇게 자유로운 마음을 지닌 사람은 위로에 집착하지 않고, 육신이 견뎌 낼 수 있는 온갖 고통과 굴욕을 받아들입니다. 위로에 대한 갈망이 사라지지는 않더라도, 그는 위로에 집착하지 않을 것입니다. 또한 어떤 질병이나 사고로 영신 수련을 하지 못하게 되더라도, 그는 전혀 개의치 않으며 후회하지도 않을 것입니다. 영신 수련을 좋아하지 않는 것이 아니라 영신 수련에 집착하지 않는 것입니다. 그리고 그는 기쁨을 잃지 않습니다. 어떠한 것에도 집착하지 않는 자유로운 마음을 지녔기에 어떠한 궁핍에도 슬퍼하지 않고 언제나 기뻐합니다. 기쁨을 잃지 않는 것이 아니라 잃었어도 곧바로 기쁨을 다시 찾는 것입니다.

이러한 자유의 열매는 영혼의 지극한 감미로움이며, 죄가 아니거나 죄의 위험이 없는 모든 것에 대한 지극한 온유와 겸손입니다. 이는 모든 덕행을 실천하려는 성품입니다.

자유에 반대되는 두 가지 악은 불안정과 제약입니다. 곧 방종과 예속이지요. 불안정이나 방종은 자유가 너무 지나친 것입니다. 방종은 하느님께서 뜻하신 것도 아니고, 어떤 이유도 없는데 자신의 삶과 의무를 바꾸려는 것입니다. 방종한 사람은 아주 작은 도발이나 자극에도 생활 방식이나 자신의 계획 등을 바꿉니다. 온갖 사소한 사건에도 삶의 규칙과 좋은 습관들을 제쳐 버립니다. 이렇게 하여 그는 마음을 완전히 빼앗겨 버립니다. 허투루 써 버리는 것이지요. 그는 울타리가 하나도 없는 과수원과 같습니다. 울타리가 없기에 거기서 열리는 과일은 주인이 아니라 지나가는 모든 사람이 다 따 먹어 버립니다.

제약이나 예속은 자유가 너무 부족한 것입니다. 제약이나 예속을 받는 사람은 자신의 계획을 제대로 이행할 수 없을 때나 더 좋은 것을 선택할 수 있을 때 힘들어하거나 괴로워하고 화를 냅니다.

예를 들어 제 계획이 날마다 아침에 묵상을 하는 것이라고 해 봅시다. 제가 불안정하거나 방종한 사람이라면, 매우 사소한 기회만 생겨도 그 묵상을 저녁으로 미루거나 건너뛸 것입니다. 편지를 쓰느라고, 아니면 그저 강아지 때문에 잠을 제대로 못 잤다고 아침 묵상을 미뤄 버리는 것입니다. 그와 반대로 제가 제약이나 예속을 받는다면, 어떤 병자에게 저의 도움이 절실히 필요하다고 하더라도 제가 해 왔던 묵상을 미루지 못할 것입니다.

끈질긴 기도

묵상을 하면서 위로를 받지 못한다고 하여 자신을 꾸짖어서는 안 됩니다. 어떻게 해서든 마음에 상처를 입히지 말고, 겸손과 인내로 온유하게 묵상을 해 나가십시오. 마음에 싫증이 나거든, 유익한 책을 활용하십시오.

책을 조금 읽고 나서 묵상하고, 또다시 책을 조금 읽고 나서 묵상하십시오. 반 시간쯤 그렇게 묵상하십시오. 예수의 데레사 성녀도 묵상을 시작하는 단계에서는 이러한 묵상 습관을 들였다고 합니다. 그리고 이러한 묵상이 매우 좋았다고 말해 줍니다.

묵상의 은총은 결코 마음의 노력만으로 얻을 수 없다

는 사실을 원칙으로 삼으십시오. 우리가 해야 할 일은 충만한 겸손으로 온유하고 정성스럽고 끈질긴 기도를 바치는 것입니다.

감정에 대한 판단

원수에게서도 친구에게서도 즐거운 감정을 느낄 수 있습니다. 곧, 감정은 악한 자에게서 나올 수도 있고, 모든 선의 근원에서 나올 수도 있다는 말입니다. 우리는 감정이 어떤 표지로 드러나는지 알아볼 수 있습니다. 그대를 올바른 길로 인도해 줄 몇 가지 표지를 여기에 제시합니다.

우리가 어떤 감정에도 빠지지 않고 하느님께서 맡기신 임무와 일들을 한결같이 수행할 활력을 그 감정으로 되찾는다면 좋은 표지입니다. 그래서 하느님께서는 때때로 우리에게 위로를 주십니다. 하느님께서는 우리의 나약함에 이르기까지 당신을 낮추십니다.

하느님께서는 영적인 일에 관해 우리의 입맛이 둔한 것을 잘 아십니다. 그래서 영양분이 많은 고기를 먹도록 입맛을 돋우는 좋은 양념을 조금 쳐 주십니다. 그러므로 우리가 머뭇거리지 않고 우리 감정을 즐기는 것은 좋은 표지입니다.

악한 자가 우리에게 어떤 감정을 불어넣을 때, 그는 우리가 그 감정에 빠져 버리기를 바랍니다. 우리가 감정에 빠져 좋은 양념만을 먹을 때에, 우리의 영적인 소화력은 나약해져 아주 못 쓰게 되고 맙니다.

올바른 감정은 결코 우리를 교만하게 하지 않습니다. 우리는 하느님께 완전히 순종하고 겸손해야 한다는 것을 압니다. 칼렙과 여호수아는 이스라엘 사람들에게 약속의 땅에 다다른 기쁨에 대하여 한마디 말도 하지 않았습니다. 그들은 백성들의 용기를 북돋아야 할 필요가 있다고 생각지 않았습니다. 감정을 북돋우지 않고 그것의 나약함을 인정하며 하느님 앞에 그 감정을 사랑스럽게 낮춘다면, 우리는 이러한 감정들이 주님께서 우리에게 주시는 보상과 보호임을 깨닫게 될 것입니다.

좋은 감정은 우리를 나약하게 하지 않고 오히려 강력하게 해 줍니다. 이는 고통이 아니라 위로를 줍니다. 그러나 나쁜 감정은 다가올 때에 황홀감을 가져다주지만 떠나갈 때에는 우리를 번민으로 가득 채웁니다.

좋은 감정이 떠나갈 때에는 덕행을 추구하라고 권유합니다. 참으로 우리가 덕을 쌓으며 성장하도록 그러한 감정들을 주시는 것입니다. 나쁜 감정도 떠나갈 때에 덕을 쌓으라고 권유하곤 합니다. 그러나 그러한 감정은 우리의 기를 꺾어 놓고 가 버립니다.

즉, 좋은 감정은 그 자체를 사랑하라고 요구하지 않고, 오직 우리에게 그 감정을 보내 주신 하느님을 사랑하라고 촉구합니다. 그렇지만 나쁜 감정은 우리가 무엇보다도 그 감정 자체를 사랑하기를 바랍니다. 좋은 감정은 우리에게 덕을 추구하라고 재촉하지만, 나쁜 감정은 감정 그 자체를 추구하라고 충동질합니다.

인내하십시오

나의 벗이여, 우리는 머지않아 천국에 있을 것입니다. 우리는 거기서 이 세상의 일들이 얼마나 하찮은 것인지 깨닫게 될 것입니다. 그대가 한 일이든 하지 못한 일이든 그 모든 것이 얼마나 부질없는 일인지도 말입니다. 지금 마치 엄청난 것으로 보이는 그 일들에 우리는 짓눌려 있습니다.

우리가 어릴 때에 진흙이나 나뭇조각으로 얼마나 열심히 집을 짓고 성을 쌓았습니까! 그런 성을 누군가 부서뜨리면 속이 상해 울음을 터트렸습니다. 그러나 어른이 된 우리는 이제 그 모든 일이 하찮은 것임을 잘 압니다.

언젠가 천국에 가서도 그와 같을 것입니다. 세상에서 우리가 그렇게 애를 썼던 일들이 모두 아이들의 장난 같은 것이었음을 깨닫게 될 것입니다.

보잘것없는 일들을 해야만 하는 그대를 좌절시키려고 하는 말은 아닙니다. 하느님께서 세상에 사는 우리에게 그러한 일들을 맡기셨습니다. 하느님 앞에서 우리는 아이일 뿐이므로 아이들처럼 우리의 일을 열심히 합시다.

그러나 그런 일들을 하느라 우리 자신을 파멸시켜서는 안 됩니다. 누군가 우리의 이 작은 집들을 부서뜨리더라도 괴로워해서는 안 됩니다. 날이 저물고 세상을 떠나야 할 때 이 작은 집은 전혀 쓸모가 없을 것입니다. 그때 우리는 주님의 집에 가야 합니다(시편 122,1 참조). 지금 하는 일들을 충실하게 하십시오. 단, 영혼을 구원하는 일보다 더 값진 일은 어디에도 없음을 기억하면서 이 세상 일을 하십시오.

모든 사람에게 인내하십시오. 특히 자신을 참아 주십시오. 결점 때문에 자신을 괴롭히지 마십시오. 언제나 스스로 뒤로 물러날 용기를 지니십시오. 날마다 다시 시작하십시오. 이제 됐다고, 그만해도 된다고 생각지 마십시오. 영성 생활에서 언제나 다시 시작하는 것보다 더 좋은 길은 없습니다. 언제나 다시 시작하십시오.

그대의 마음을 용서하십시오

 우리는 기도를 하거나 덕행을 실천하는 일과 같은 영성 생활을 언제나 제대로 잘하기를 바랄 것입니다. 그러나 그렇게 하지 못했다고 놀라거나 불안해하거나 괴로워해서는 안 됩니다. 그러한 바람은 우리가 얼마나 충실하느냐에 달려 있습니다. 우리는 온전히 충실해야 합니다. 날마다, 더욱더 그리해야 합니다.

 실패는 나약함 때문입니다. 이 현세의 삶에서 우리가 결코 떼어 놓을 수 없는 것이지요. 그러니 어떤 잘못을 저질렀을 때에는 즉시 마음을 성찰해 보아야 합니다. 그리고 하느님을 섬기겠다는 철저하고도 적극적인 결심을 계속 유지해 나갈지 스스로에게 물어야 합니다.

어떤 사람은 이러한 결심을 간직하지 못하느니 차라리 천 번이라도 죽기를 바라는 마음일 것입니다. 그래서 자책합니다.

"넌 지금 왜 머뭇거리지? 넌 왜 그렇게 겁이 많니?"

그러고는 핑계를 찾아냅니다.

"생각지 못한 일이야. 그런 일이 일어날지 내가 어떻게 알았겠어. 지금 나는 내 결심을 다시 생각하고 있어."

마음은 용서를 받아야 합니다. 잘못을 저지른 것은 마음이 불성실하기 때문이 아니라 나약하기 때문입니다. 나약함은 조용하고 온유하게 바로잡아야 합니다. 그러면 스스로 분노하거나 더 이상 괴로워하지 않을 것입니다. 우리는 스스로에게 이렇게 말해야 합니다.

"나의 벗, 내 마음아. 하느님의 이름으로 용기를 내어라. 우리 함께 걸어가자. 조심하며 가자. 도움이신 하느님께 우리 자신을 드높이자."

그리고 우리 영혼에게 자비를 베풀어야 합니다. 의도

적인 모욕이 아니라 해도 영혼을 가혹하게 꾸짖어서는 안 됩니다. 영혼을 이렇게 다루는 것이 거룩한 겸손을 실천하는 일 아니겠습니까?

우울할 때

가끔 우울한 기분에 짓눌리기도 합니다. 가끔은 슬픔 때문에 불안해지기도 합니다. 스스로 불안해하지 마십시오. 평화를 잃지 마십시오. 어떠한 재미도 느낌도 기운도 없이 모든 일을 하는 것처럼 여겨지더라도 계속해서 주님의 십자가를 끌어안으십시오.

마음을 주님께 맡겨 드리십시오. 무기력한 듯한 감정과 그대의 생각을 주님께 봉헌하십시오.

폴리뇨의 안젤라 성녀는 주님께서 그에게 계시하신 것을 이렇게 말했습니다.

"스스로 하는 선행이 주님을 가장 기쁘게 해 드리는

선행입니다."

곧 육신이 무기력하고 모든 것에 짜증이 날 때에도, 내적으로 포기하고 싶은 마음이 들고 온 세상이 무미건조하게 느껴지며 슬픔과 직면했을 때에도, 우리가 굳세게 결심하여 단호한 의지로 선행을 해내면 주님께서는 기뻐하십니다. 그대도 그대에게 주어진 십자가 속에서 주님께 충실할 때, 매우 행복할 것입니다. 주님께서는 "죽음에 이르기까지, 십자가 죽음에 이르기까지"(필리 2,8) 충실하게 그대를 사랑하심을 믿으십시오.

우리가 열매를 맺으려면

그대는 기도할 때에 아무것도 하지 않는다고 말합니다. 그러나 그대는 지금 하느님께 허무와 비참함을 보여 드리고 있지 않습니까? 그것을 넘어서서 더 무엇을 바라는 것입니까?

우리에게 구걸하는 사람이 하는 가장 효과적인 간청은 단순히 자신이 바라는 바와 상처를 드러내 보여 주는 것입니다. 그러나 때때로 그대는 그마저도 하지 않는다고 말합니다. 그저 유령이나 석상처럼 머물러 있는다고 말이지요.

이마저도 작은 일은 아닙니다. 궁전에 석상을 가져다

놓는 목적을 생각해 보십시오. 바로 군주나 임금이 그 석상을 보기 위해서입니다. 그러니 그대는 하느님의 현존 안에서 그렇게 석상처럼 머무르는 것으로 만족하십시오. 하느님께서 원하시면 그대를 봐 주실 것입니다.

나무가 열매를 맺으려면 햇빛이 있어야 합니다. 어떤 나무는 일찍 열매를 맺고 다른 나무는 늦게 열매를 맺습니다. 어떤 나무는 해마다 열매를 맺고 다른 나무는 겨우 3년에 한 번 열매를 맺습니다. 어떠한 나무도 다른 나무와 똑같이 열매를 맺지 않습니다.

우리가 하느님의 현존 안에 머물러 있으려면 행복해져야 합니다. 하느님께서 열매를 맺게 해 주시리라는 것으로 만족하십시오. 하느님께서는 그분 마음에 드시는 대로, 이르거나 늦게, 날마다 또는 지금이나 나중에 우리에게 열매를 맺게 해 주실 것입니다.

고통에 짓눌려

주님의 거룩한 뜻과 순수한 사랑을 기꺼이 받아들이십시오. 순종은 오직 고통 가운데서만 완전해집니다. 달콤한 디저트를 먹으며 하느님을 사랑하는 일은 어린아이들도 할 수 있습니다. 그러나 쓰디쓴 풀을 먹으며 하느님을 사랑하는 일은 충실한 사랑의 승리입니다.

베드로 사도도 타보르산 위에서 충분히 "예수님 만세!"를 외칠 수 있었습니다. 그러나 골고타 위에서는 성모님과 주님께서 당신 어머니께 아들로 남겨 드린 사랑하던 그 제자만 "예수님 만세!"를 외쳤습니다.

우리는 그 거룩한 순종을 위하여 기도해야 합니다. 우

리가 그렇게 하느님의 뜻을 받아들일 때에, 하느님께서는 우리 마음을 당신이 머무르시고 영원히 다스리실 알맞은 곳으로 만들 수 있습니다. 하느님께서 기쁘게 우리 마음에 머무르기만 한다면, 그분께서 망치든 가위든 바늘이든 우리 마음을 무엇으로 다루시든 무슨 차이가 있겠습니까?

그대의 고통은 점점 더 커져 갈 것입니다. 이는 주님께서 그분의 거룩한 십자가에 그대를 동참하게 하시고, 주님의 가시관을 그대에게 씌워 주시는 것입니다. 주님께서 그대를 위하여 기울이시는 노고에 고통이 극심해져 정신을 못 차리게 될지도 모릅니다. 그러나 단순히 그대의 마음을 구세주께 들어 올리기만 하면 됩니다. 그러한 고통 속이라 해도 할 수 있는 대로 자주 구세주께 마음을 들어 올리십시오.

첫째, 주님의 손에서 나오는 모든 시련을 받아들이십시오. 주님께서 직접 고통을 주신다 해도 받아들이십시오. 둘째, 더 많은 고통도 받아들이겠다고 주님께 말씀드리십시오. 셋째, 십자가 위에서 고통을 받으시는 주님과 하나 되어, 주님 고통의 공로에 의지하여 작은 불편함을 받아들이겠다고 맹세하십시오. 넷째, 지극히 선하시고 온유하신 손으로 보내 주신 고통이므로 이러한 고통을 받아들일 뿐만 아니라 소중히 간직하고 사랑하겠다고 말씀드리십시오. 다섯째, 하느님의 종들과 순교자들을 불러 도움을 간청하십시오. 그들은 이 세상에서 극심한 고통을 받았기 때문에 지금 천상에서 기뻐합니다.

그대가 치유되기를 바란다고 하여 위험하지는 않습니다. 실제로 치유를 위하여 주의 깊게 노력하여야 합니다. 이러한 고통을 보내 주신 하느님께서는 모든 치유도 빚어내는 창조주이십니다. 그분께 도우심을 간청하십시오. 그러나 한편으로는 존엄하신 하느님께서 그대에게 허락하신 그 질병을 기꺼운 순종으로 받아들이십시오.

하느님께서 그대의 치유를 원하시면, 그대는 하느님을 찬양하게 됩니다. 그리고 자신을 하느님의 손에 겸손하게 바칠 때, 그대는 매우 행복해질 것입니다.

고통 속에서 바치는 기도

오 주 예수님,

올리브산에서, 십자가 위에서

주님의 거룩하신 마음이 겪으신

비길 데 없는 그 슬픔으로

견줄 데 없는 그 외로움으로

주님을 잃으신 성모님의 비탄으로

주님의 고난과 십자가에

지금 저희 마음을 결합해 드리오니

저희에게 이겨 낼 힘을 주시고

주님 친히 저희의 기쁨이 되어 주소서.

천사들의 시샘

 천사들이 우리를 질투합니다. 그 이유는 무엇일까요? 우리는 주님을 위하여 고통을 받을 수 있기 때문입니다. 천사들은 그러지 못합니다.

 바오로 사도는 낙원의 기쁨 속에서 하늘로 들어 올려졌습니다. 그런 그도 주님의 십자가 안에 있다는 것과 자신의 허약함 외에는 자랑할 것이 없다고 여겼습니다(2코린 12,13; 갈라 6,14 참조). 그러니 육신이 고통스러울 때는 바오로 사도처럼 말하십시오.

 "앞으로는 아무도 나를 괴롭히지 마십시오. 나는 예수님의 낙인을 내 몸에 지니고 있습니다."(갈라 6,17)

고통을 잘 견뎌 내면 건강할 때보다 천국에 더 가까이 다가갈 수 있습니다. 온전하고 건강할 때보다는 부서지고 상처 났을 때 쉽게 오를 수 있는 산이 바로 천국입니다.

고요한 삶

　꿀벌은 매우 행복합니다. 꿀벌은 꿀을 모으러 갈 때에만 집을 나가고, 공동 작업을 할 때에만 모입니다. 그러한 일을 할 때에만 분주합니다. 그들은 자기 집을 채우려고 꿀을 모으며 밀랍을 만드느라 향기로운 일로 분주하지만 질서 정연하게 움직입니다.

　꿀벌은 행실이 좋지 못한 말벌이나 파리보다 더 행복합니다. 말벌과 파리는 품위 없고 불결한 것에만 충동적으로 달려들며, 다른 동물들을 괴롭히고 고통만 줄 뿐입니다. 그들은 여름과 가을에 어디든지 돌아다니며 빨아먹고 쏘아 댑니다. 그리고 겨울이 오면, 집도 없고 먹이를 모아 놓은 곳도 없어 뿔뿔이 흩어지고 맙니다. 더는 살아갈 수 없습니다.

그러나 우리의 순결한 꿀벌은 고귀한 노동으로 매우 적절한 피신처와 마음에 드는 양식을 얻고, 일찍부터 일해 온 노동의 이득 속에서 만족스러운 삶을 누립니다.

이처럼 구세주를 사랑하는 영혼들, 광야로 구세주를 따라간 사람들(요한 6,1-15 참조)은 꽃이 핀 그 풀밭에서 매우 감미로운 잔치에 참여하게 됩니다. 먼 옛날 풍요가 기쁨을 질식시키는 크세르크세스의 궁전에서 호화로운 잔치를 즐기던 자들보다(에스 1,3-8 참조), 구세주를 따라 광야로 나간 사람들이 훨씬 더 큰 기쁨을 누립니다.

승천

구세주는 하늘로 올라가셨습니다. 천국에서 살며 다스리십니다. 그분께서는 우리도 언젠가 천국에서 그분과 함께 살며 다스리기를 바라십니다. 하늘에는 승리의 기쁨이, 땅에는 따뜻한 사랑이 넘칩니다!

우리 마음은 참으로 우리의 보화가 있는 곳에 있습니다. 그러기에 우리는 우리의 참된 생명이신 주님께서 계시는 천국에서 살아야 합니다(콜로 3,4 참조).

천국은 얼마나 아름답겠습니까! 이제 구세주는 하늘의 태양이시고 그 곁에 넘치는 사랑의 샘이 있어, 복된 성인들이 그 사랑의 샘물을 마십니다. 저마다 그 샘에서 자신을 봅니다. 사랑만이 쓸 수 있고 사랑만이 읽을 수 있는 사랑의 문자로 자신의 이름이 새겨져 있습니다.

우리 이름도 거기에 새겨질까요? 그러리라고 믿어도 됩니다. 비록 마음에 사랑이 부족하더라도, 사랑하겠다는 바람만 있으면 사랑을 할 수 있기 때문입니다.

예수님의 거룩한 이름이 우리 마음에 새겨져 있습니까? 우리 이름 또한 하느님의 마음에 새겨지기를 희망해야 합니다. 우리의 영원한 행복을 가리키는 그 글자를 볼 때에 우리는 얼마나 행복하겠습니까!

영원토록 이어질 온갖 좋은 일이 우리를 기다립니다. 그러나 천국을 다스리시는 위대하신 하느님의 변함없는 사랑에 비기면 그 모든 것 또한 빛을 잃습니다.

우리는 모순으로 가득 차 있습니다. 마음은 매우 순수하지만 행동은 그렇지 못합니다. 그리하여 이 세상에서는 참으로 아름다운 낙원 같은 곳도 지옥의 고통으로 가득 찰 수 있습니다. 그러나 하느님의 사랑이 있는 곳에서는 지옥 불도 사랑의 불이 됩니다. 어떤 고통도 달게 받을 수 있는 곳이 됩니다. 천국의 모든 기쁨은 바로 이렇게 다스리는 사랑입니다. 그렇지만 우리가 사랑하지 않는다면 나중에 어떻게 되겠습니까?

자신을 낮추고 기도하며 일합시다. 주님께 사랑을 부어 달라고 간청합시다.

유혹에 빠지지 마십시오

신앙과 교회를 거스르고자 하는 유혹이 하느님에게서 나온다고 생각해서는 안 됩니다. 어두움, 나약함, 탈진, 무기력, 자포자기, 내적인 공허감, 세상의 다디단 포도주를 시어 버리게 하는 쓰디쓴 내면의 입맛은 괜찮습니다. 그러나 신성 모독과 불충, 불신의 기미가 있어서는 안 됩니다. 이러한 유혹은 좋으신 하느님에게서 나오는 것이 아닙니다(야고 1,13 참조). 하느님께서는 지극히 순수하시기에 이러한 것을 의도하지 않으십니다.

그렇다면 하느님께서는 어떤 일을 하셨을까요? 그분께서는 추악한 일을 하는 악마가 우리에게 그러한 것들을 보여 주도록 허락하셨습니다. 그러나 이는 우리가 그러한 것들을 무시하여 하느님 일에 대한 애정을 증명하기를 바라시는 까닭입니다.

우리 마음에 들어오려고 그 주변을 어슬렁거리는 악마는 열린 문을 찾아다니고 있습니다(1베드 5,8 참조). 악마는 구약의 욥에게, 안토니오 성인에게, 시에나의 가타리나 성녀에게, 다른 수많은 착한 영혼들에게 그러한 짓을 하였습니다.

악마 때문에 우리가 정신을 잃어서야 되겠습니까? 드나드는 모든 문을 우리가 확실하게 잠가 둔다면, 악마가 주변에 도사려도 괜찮습니다. 악마는 언젠가 그만두고 말 것입니다.

악마가 스스로 물러나지 않는다 하더라도, 하느님께서 강제로 악마를 물리치실 것입니다. 악마가 밖에서 매우 시끄러운 소리를 낸다 해도 이는 좋은 조짐입니다. 악마가 우리의 의지 안에 들어오지 못했다는 것입니다.

용기를 내십시오. 저는 예수 그리스도 안에서 간곡히

말씀드립니다. 용기를 내십시오. 선뜻 용기가 나지 않더라도 단호히 "예수님 만세!"를 외칠 수만 있다면 아무것도 두렵지 않을 것입니다.

쇠사슬에서 풀려난 베드로 사도

위대한 성인 베드로 사도는 감옥에서 잠들었다 천사가 깨워 일어났습니다. 베드로가 감옥에서 풀려난 이 이야기에는 많은 위로가 담겨 있습니다(사도 12,3-11 참조).

그는 감옥에서 꿈인지 생시인지도 모를 정도로 무아지경에 빠져 있었습니다. 그에게 일어난 일이 오늘 우리에게도 벌어질지 모릅니다. 사랑하는 하느님을 향해 깨어 있으라고 천사가 옆구리를 두드려 깨우는 것입니다. 천사는 우리를 자기애의 쇠사슬에서 풀어 주며 천상의 사랑에 단호하게 결정적으로 봉헌하도록 할 것입니다. 그러면 우리는 이렇게 말할 것입니다.

"이제야 참으로 알았다. 하느님께서 당신의 천사를 보내시어 나를 빼내어 주셨다."

베드로는 얼마나 행복했겠습니까! 그것은 주님께서 하신 "베드로야, 너는 나를 사랑하느냐?"라는 질문에 사랑으로 답하는 것이었습니다. 주님께서는 우리에게도 거듭 물으십니다. 우리의 사랑을 의심하여 물으시는 것이 아니라, 그분을 사랑한다고 거듭거듭 고집스럽게 주장하는 모습을 보며 커다란 기쁨을 누리고자 물으시는 것입니다.

온유하신 구세주를 사랑합니까? 주님께서는 이를 매우 잘 아십니다. 비록 우리가 온전히 주님을 사랑하지는 않더라도, 주님을 사랑하고자 하는 바람이 없진 않다는 것을 잘 아십니다. 주님을 사랑한다면 주님의 양 떼와 어린양들을 돌봅시다. 이것이 주님에 대한 충실한 사랑의 증표입니다.

그러면 주님의 양 떼를 무엇으로 돌보아야 할까요? 그들이 주님을 사랑하든 사랑하지 아니하든, 우리는 오직 사랑으로 돌보아야 합니다. 사랑과 죽음 사이에는 중립 지대가 없습니다. 요한 사도가 말한 대로, '사랑하지 않는 자는 죽음 안에 그대로 머물러 있기에'(1요한 3,14 참조), 우리는 죽거나 반드시 사랑해야 합니다.

주님께서는 베드로에게 이렇게 말씀하셨습니다.

"네가 젊었을 때에는 스스로 허리띠를 매고 원하는 곳으로 다녔다. 그러나 늙어서는 네가 두 팔을 벌리면 다른 이들이 너에게 허리띠를 매어 주고서, 네가 원하지 않는 곳으로 데려갈 것이다."(요한 21,18)

하느님 사랑에 서툰 젊은 사람들은 자신의 허리띠를 급하게 맵니다. 그들에게 좋게 보이는 고행을 하고, 자신의 생각으로 하느님의 뜻을 판단하며, 어떤 것을 참회할지 고릅니다. 그러나 하느님에 대한 사랑의 기술을 익힌 나이 든 스승들은 다릅니다. 다른 사람들이 자신을 묶어도 내버려 두며, 자신에게 강요되는 멍에를 기꺼이 메고, 자신이 원하지 않는 길을 따라 내려갑니다. 그들은 자신의 성향에 어긋난다 하더라도 자신의 뜻과 달리 다른 사람의 다스림을 기꺼이 받아들이며, 어떤 다른 대안을 제시하지 않고 그대로 순종하겠다고 합니다. 이것이 바로 자신의 육신만이 아니라 정신까지도 십자가에 못 박아 하느님께 영광을 드리는 길입니다.

두려움의 시간

 마음을 괴롭히며 홍수처럼 밀려드는 생각들을 무슨 말로 막을 수 있겠습니까? 그러한 생각을 막으려고 애쓰지 마십시오. 고통만 더 심해질 뿐입니다.

 유혹을 물리치려고 노력하지 마십시오. 그러한 노력이 유혹을 더 강하게 할 뿐입니다. 그냥 무시하십시오. 그러한 생각들을 곰곰이 헤아리지 마십시오. 십자가에 못 박히신 예수 그리스도의 모습을 마음속으로 떠올리며 이렇게 말하십시오.

 "여기에 제 희망이 있습니다. 여기에 넘쳐 나는 제 행복의 샘이 있습니다. 여기에 제 영혼의 마음이 있고, 제 마음의 영혼이 있습니다."

우리 주님께서 아브라함에게 하신 말씀, 그대에게 하시는 말씀을 들으십시오.

"두려워하지 마라. 나는 너의 방패다."(창세 15,1)

하느님 말고 그대가 세상에서 찾는 것이 무엇입니까? 그대는 이미 하느님을 모시고 있습니다.

결심을 굳건히 하십시오. 배 안에 머무르십시오. 폭풍이 다가와도 그냥 두십시오. 예수님께서 살아 계시는 한 죽지 않을 것입니다. 그분이 주무시더라도, 곧 일어나시어 제때에 폭풍을 고요하게 가라앉히실 것입니다(마태 8,24-26 참조).

성경은 우리에게 전해 줍니다. 베드로는 거센 바람을 보고서 두려워졌습니다. 두려워지자마자 그는 물에 빠지기 시작했습니다. 그래서 "주님, 저를 구해 주십시오." 하고 소리를 질렀습니다. 주님께서는 곧 손을 내밀어 그를 붙잡으시고, "이 믿음이 약한 자야, 왜 의심하였느냐?" 하고 말씀하셨습니다(마태 14,29-31 참조).

이 위대한 사도를 보십시오. 그는 맞바람과 파도 속에서도 보호를 받아 물 위를 마른 발로 걸어갔습니다. 그러나 스승님께서 그를 건져 주지 않으셨다면, 그는 거센 바람과 파도에 대한 두려움 때문에 물에 빠져 죽었을 것입니다. 두려움은 악 그 자체보다 더 악한 것입니다.

아, 믿음이 약한 자야, 두려워하는 것이 무엇인가?

두려워하지 마십시오. 그대는 바람과 파도 가운데서 물 위를 걷고 있습니다. 그러나 예수님과 함께 걷고 있습니다. 두려워할 것이 무엇입니까? 그대가 두려움에 사로잡힌다면, 강력하게 외치십시오.

"주님, 저를 구해 주십시오!"

주님께서 그대에게 손을 내밀어 주실 것입니다. 주님의 손을 꼭 붙잡고, 기쁘게 나아가십시오.

가시덤불 속의 세례자

장미꽃을 생각해 보십시오. 장미꽃은 영광스러운 요한 세례자를 나타냅니다. 요한 세례자의 다홍빛 사랑은 장미꽃보다 훨씬 더 강렬합니다. 그렇지만 수많은 고행의 가시덤불 속에서 살았기 때문에, 그의 모습은 결코 장미꽃을 닮지는 못했습니다.

성모님께서 방문하시던 날, 이 위대한 인간이 그의 마음속에 거룩하신 동정 성모님과 그분의 아기를 어떻게 새겼을지 헤아려 보십시오. 이 만남에서 요한 세례자는 이 어머니와 그 아기, 이 아기와 그 어머니의 고귀한 사랑을 느꼈을 것입니다. 그는 그 고귀한 사랑을 느낀 최초의 인간이었습니다.

이 어머니와 이 아기가 아니라면, 그 어떠한 것도 우리 마음을 차지해서는 안 됩니다. 꽃이 흐드러지게 핀 어좌 위에 앉으시듯이 성모님의 품에 안겨 계시는 영광의 하느님이신 예수님께서 우리 마음속에 살아 계시며 다스리시기를 빕니다.

여기에 백합꽃 두 송이와 장미꽃 한 송이로 만든 꽃다발이 있습니다. 이 한 송이 장미꽃은 그 감미로운 향기와 완전한 아름다움으로 두 송이 백합꽃을 찬양합니다. 이 장미꽃은 온몸이 찔리는 완전한 고행을 하며, 주님을 찬양하는 일이 아닌 모든 것을 모조리 버리고 살았습니다.

깨어 지키시는 하느님

온갖 장애물과 올가미에 둘러싸여 있다 하더라도 그대는 주님을 섬기겠다는 열망을 한결같이 간직하고 있습니다. 이 길을 따라 충실하게 걸어가면 온갖 도전을 받겠지만 그보다 훨씬 더 큰 위로도 받을 것입니다.

그대는 소란스러운 세상 속에서 살아갑니다. 세상은 하느님께만 집중하고자 하는 그대의 거룩한 관심을 흩트려 버릴 수 있습니다. 이러한 시련을 영적 진보를 위하여 활용하도록 노력하십시오. 승리하지 못하면 상급도 받지 못합니다. 싸우지 않으면 승리하지도 못합니다. 그러므로 용기를 내십시오. 그대의 고통을, 치료제가 없는 그 고통을 덕행의 기회로 삼으십시오.

  자주 주님을 바라보십시오. 주님께서는 가련하고 보잘것없는 그대를 굽어보시며, 그대가 온갖 노고와 소란에 휩싸여 있음을 아십니다. 주님께서는 그대에게 도움을 보내시고 그대의 고통에 복을 내려 주십니다. 이를 깨닫고 오직 그대에게 이롭도록 그러한 고통을 허락하시는 분을 사랑하십시오. 그분을 사랑하기 위한 괴로움을 온순하고 끈질기게 참아 내십시오. 마음을 하느님께 들어 올려 도우심을 간청하십시오. 하느님을 따르는 행복을 주된 위로로 삼으십시오. 그대에게 커다란 도움을 주고 훌륭한 피난처를 마련해 주는 친구가 있음을 깨닫는다면, 그대가 불평하는 온갖 이유들은 모두 가볍게 보일 것입니다.

성모 승천

하늘로 들어 올림을 받으시어 그 어디에도 비길 수 없는 복된 영광을 누리시는 성모님, 영원한 날이 시작되는 이 새벽은 얼마나 아름답습니까!

성모님을 사랑하는 이들에게 감미롭게 퍼져 나가는 영원한 향기로 언제나 저희 마음을 가득 채워 주소서. 저희도 언제나 성모님께 충실한 영혼들을 위하여 마련된 복을 누리며 기뻐하게 하소서.

'달처럼 아름다우며 해처럼 빛나는'(아가 6,10 참조) 바다의 별, 이토록 영광스러우신 성모님을 제대로 모시지 못한 우리는 부끄러운 불효자들입니다. 성모님의 보호 아래 훌륭한 일을 시도해 봅시다. 성모님은 우리의 보잘것없는 사랑까지도 넉넉히 갚아 주실 것입니다.

아가에서 그분께서는 "사과로 내 기운을 북돋아"(아가 2,5) 달라고 말씀하십니다. 우리는 성모님께서 바라시는 또 다른 사과가 있는지 살핍니다. 이러한 마음을 기꺼이 그분께 내어 드려야 합니다. 그러면 하느님께서는 우리에게 거룩한 사랑의 복을 내리시어, 언젠가 성모님을 마주 뵙는 은총을 베풀어 주실 것입니다.

최고의 포도주

 포도를 짓눌러 만든 포도주처럼 우리는 하느님의 은총과 약속에 마음을 짓눌러 최고의 영적 포도주를 만듭니다. 하느님의 은총에 마음을 짓누르는 일은 기도를 많이 해야 한다는 의미입니다. 활기찬 우리 마음의 움직임에 따라 짧더라도 자주 기도해야 합니다. 하느님의 약속에 마음을 짓누르는 일은 자선 활동을 많이 해야 한다는 의미입니다. 하느님께서 그분의 약속에 함께한 이들에게 이렇게 말씀하셨습니다.

 "너희는 내가 병들었을 때에 돌보아 주었다."(마태 25,36 참조)

모든 일에는 때가 있습니다. 포도를 확에 넣어 짓누를 때가 있고, 저장고에서 최고급 포도주를 꺼낼 때가 있습니다. 그러나 우리는 짓눌려야 합니다. 주의 깊게 두려움 없이 그렇게 해야만 합니다.

십자가 위에 한 알의 포도가 있습니다. 그 한 알의 포도는 수만 송이 포도보다 훨씬 더 고귀한 것입니다. 거룩한 영혼들이 거기에서 얼마나 많은 양식을 얻습니까! 우리 구세주께서 세상에 베푸신 수많은 은총과 덕행을 생각해 보십시오. 땅에서 땀 흘려 많은 열매를 거두면, 그 열매가 그대에게 영적 진보를 위한 사다리가 되어 줄 것입니다.

프란치스코 성인은 양 떼를, 어린양들을 사랑하였습니다. 어린양들이 그에게 사랑하는 구세주를 일깨워 주었던 것입니다. 우리는 포도를 거두어 모아 포도주를 만드는 일을 사랑해야 합니다. 이러한 노고는 우리가 날마다 일용할 양식을 벌어야 하는 요구에 부합할 뿐만 아니라 우리 마음을 최고의 영적 포도주로 드높여 줍니다.

마음을 사랑으로 가득 채우십시오. 온유하고 평화롭고 확고한 사랑으로 가득 채우십시오. 남의 잘못만을 신랄하게 살필 것이 아니라 자신의 잘못을 더욱더 겸손하게 살펴보십시오.

기쁘게 살아가십시오. 그대는 하느님 자신이신 영원한 기쁨에 온전히 봉헌되었습니다. 하느님께서는 바로 그대의 마음 안에 살아 계시며 그대의 마음에서부터 다스리고자 하십니다.

불평

 마음을 괴롭히는 문제와 관련하여, 그대는 무엇이 치유제가 있는 문제인지 쉽게 구별할 수 있어야 합니다. 치유제가 있는 문제라면 온유하고 평화롭게 치유제를 사용하도록 노력해야 합니다. 치유제가 없는 문제라면 주님께서 보내시는 고행으로 알고 괴로움을 견뎌 내야 합니다.

 주님께서는 그대를 단련시키시어 온전히 주님의 사람으로 만드시고자 그러한 시련을 주시는 것입니다. 혹여 불평하지 않도록 조심하십시오. 불평하지 말고, 그대의 마음을 다잡아 고요히 고통을 견뎌 내십시오. 갑자기 울화가 치밀어 오르더라도 끝까지 참아 온유하고 평화로운 마음을 간직하십시오.

하느님께서는 참으로 세상의 풍파에 시달리는 영혼들을 사랑하십니다. 하느님의 손에서 그러한 노역勞役을 받아들인 영혼은 마치 강인한 전사처럼 그 어지러운 싸움 속에서도 하느님께 충실합니다. 그대도 세상의 풍파 속에서 하느님께 충실히 머물도록 노력하십시오.

아름다운 신심

 경건해지려면 하느님의 뜻을 이행하여야 합니다. 반드시 하느님의 뜻을 기쁘게 이행하여야 합니다.

 저는 주교가 아니었다 해도 제가 알고 있던 것을 알고 있었을 것이며 주교가 되고 싶지도 않았습니다. 주교가 된다는 것은 이 괴로운 직무가 요구하는 일을 해야 할 뿐 아니라 그것을 즐겁게 이행해야 함을 의미하기 때문입니다. 그러나 저는 이 직무를 기꺼이 받아들이고 그 안에서 기쁨을 누리려고 노력합니다. 그렇게 하는 것이 바오로 사도의 말씀을 따르는 것입니다.

 "저마다 부르심을 받았을 때의 상태대로 하느님과 함

께 지내십시오."(1코린 7,24)

우리는 다른 사람의 십자가가 아니라 바로 자신의 십자가를 져야 합니다. 이것이 저마다 '자신을 버려야'(마태 16,24 참조) 한다는 뜻입니다. 곧, 자신의 뜻을 버려야 하는 것입니다. "난 이것을 하고 싶어. 저곳보다는 이곳이 훨씬 더 좋을 거야."라는 생각이 우리를 유혹하곤 하지만 주님께서는 당신이 하려는 일을 아십니다. 주님께서 우리에게 내려 주신 그 자리를 지킵시다. 주님의 뜻을 이행합시다.

우리는 경건해져야 하고 경건한 삶을 사랑해야 할 뿐 아니라 모두를 우러러보는 삶을 살아가야 합니다. 이제 우리 삶은 다른 사람들의 마음에 맞고 그들에게 유익한 아름다운 삶이 되어야 할 것입니다.

병자들이 그대의 믿음으로 사랑의 위로를 받을 때, 그들은 그대의 신심을 사랑할 것입니다. 그대가 가족들의 행복을 염려하며 인생의 우여곡절을 다정한 모습으로 온유하게 헤쳐 나갈 때 가족들도 그대의 신심을 사랑할 것입니다. 그대가 믿음으로 더 따뜻하고 더 다정해지는 만큼 그대의 배우자도 그대의 신심을 사랑할 것입니다. 부모나 친구들도 하느님의 뜻에 어긋나지 않는 일에서는 그들의 뜻을 따르려는 그대의 솔직한 자세와 도움을 보면서, 그대의 매력적인 신심 생활을 알게 될 것입니다. 될 수 있는 대로 이러한 신심 생활을 목표로 삼으십시오.

기도의 상상력

상상력과 이해력을 동원하지 않고서는 기도할 수 없습니다. 그러나 의지를 움직이기 위해서만 그러한 상상력을 활용해야 합니다. 결코 그 이상은 안 됩니다.

어떤 사람들은 구세주의 거룩한 인성을 우리 자신에게 드러내는 데에 상상력을 사용할 필요는 없다고 합니다. 아마도 완덕의 산에 이미 높이 올라간 사람들에게는 그럴 필요가 없을 것입니다. 그러나 산을 올라가려 하지만 아직 골짜기에 있는 우리 같은 사람들에게는 상상력뿐만 아니라 모든 능력을 활용하는 것이 유익하다고 생각합니다.

물론 이러한 상상력은 매우 단순해야 합니다. 마음속에서 애정과 결심을 이어 주는 바늘처럼 단순한 것이어야 합니다. 이는 우리가 결코 벗어나서는 안 되는 큰길입니다. 빛이 더 밝아지는 한낮이 될 때까지, 우리는 작은 길밖에 볼 수 없습니다. 그러므로 이러한 상상들이 너무 많은 샛길로 헝클어져서는 안 됩니다. 참으로 그렇습니다. 이러한 상상은 단순해야 합니다. 우리가 낮은 골짜기에 좀 더 오래 머무르게 된다 하더라도 그렇습니다.

하느님의 평화

주님께서 주신 고요한 평화 속에 머무르도록 노력하십시오. 바오로 사도는 말합니다.

"사람의 모든 이해를 뛰어넘는 하느님의 평화가 여러분의 마음과 생각을 그리스도 예수님 안에서 지켜 줄 것입니다."(필리 4,7)

바오로 사도가 "사람의 모든 이해를 뛰어넘는" 하느님의 평화라고 말하는 이유를 아십니까? 그 이유는 그대가 하느님의 평화를 제대로 이해하지 못했다고 하여도 자신을 괴롭혀서는 안 된다고 가르쳐 주려는 것입니다.

하느님의 평화는 우리가 하느님을 위하여, 하느님께

서 우리에게 명하신 그 길을 위하여 내린 결심을 증명하는 평화입니다. 왼쪽이나 오른쪽을 둘러보지 말고, 하느님의 섭리로 놓여 있는 그 길을 꿋꿋이 걸어 나가야 하는 것이지요. 그 길이 바로 완덕에 이르는 길입니다. 비록 재미가 없다 하더라도, 영혼의 이러한 만족감은 수많은 즐거운 위로보다 훨씬 더 값진 것입니다.

하느님께서 어떤 곤경을 겪게 하신다 하더라도, 그대가 붙잡고 온 하느님의 손에서 그러한 어려움들을 받아들여야 합니다. 하느님께서 그대를 완덕의 경지에 데려다주실 때까지 결코 하느님의 손을 놓아서는 안 됩니다. 그러면 하느님의 섭리로 모든 일이 그대의 뜻대로 이루어지는 것을 보게 될 것입니다. 그대의 뜻이 하느님의 뜻에 온전히 부합하는 한 그럴 것입니다. 그저 우리에게 필요한 것은 조금 더 힘찬 결단을 내리는 용기뿐입니다.

아플 때

그대가 그토록 자주 주님께 약속했던 사랑을 증명해 드려야 할 때가 바로 이러한 고통의 시간입니다. 스스로 루도비코 성인의 기도를 바치십시오. 임금이었던 그는 병든 자기 병사들을 돌보다가 죽음에 이르게 된 것도 복되다고 여기며 이렇게 마지막 기도를 바쳤습니다.

"저의 하느님, 저는 당신 집으로 들어가, 경외하는 마음으로, 거룩한 성전 앞에 엎드려, 당신 이름 찬송하나이다."(시편 138,2 참조)

하느님의 뜻 아래 그대를 놓아두십시오. 하느님께서 가장 좋은 길로 이끌어 주실 것입니다. 주님께 그대의 위로가 되어 달라고 기도하십시오. 그러면 주님께서 그대가 "하느님의 나라에 들어가려면 많은 환난을 겪어야"^(사도 14,22) 한다는 것을 깨닫게 해 주실 것입니다.

주님께서는 이러한 십자가와 환난을 그분 자신뿐 아니라 그분의 모든 참된 종들을 위하여 선택하십니다^(히브 12,2 참조). 그러므로 우리에게도 이러한 십자가와 시련들이 영적 기쁨이나 만족보다 훨씬 더 값진 것이 되어야 할 것입니다.

하느님의 현존

하느님의 현존 안에 머무르는 것과 하느님의 현존 안에 자신을 내어놓는 것은 서로 다른 일입니다.

하느님의 현존 안에 자신을 내어놓는 것은 마음에서 다른 모든 것을 버리고 그분의 현존에만 우리 자신을 집중시킨다는 것입니다. 우리가 이처럼 하느님의 현존 안에 우리 자신을 놓아둔 다음에야, 우리는 의지나 지식을 활용하여 하느님의 현존 안에 머무를 수 있습니다.

그때 우리는 하느님을 바라보기만 하거나, 하느님을 사랑하기 위하여 다른 어떤 것을 바라보거나, 어떠한 것도 바라보지 않고 하느님께 말씀을 드리기만 할 수 있습니다. 그리고 하느님을 바라보지도 않고 그분께 말씀을 드리지도 않으면서 그저 벽감에 있는 석상처럼 하느님께서 놓아두신 그 자리에 단순히 머물러 있을 수도 있습니다.

이렇게 머무른다는 단순한 행동에 우리가 하느님께 소속되어 있다거나 하느님께서 우리의 모든 것이라는 어떤 감정이 결합될 때에, 우리는 하느님의 호의에 열렬한 감사를 드려야 합니다.

벽감에 있는 석상이 말을 할 수 있다면, 우리는 이렇게 물을 것입니다.

"그대는 왜 거기에 있습니까?"

석상은 이렇게 대답할 것입니다.

"제 주인님이신 조각가가 저를 여기에 놓아두었기 때문입니다."

"그대는 왜 자리를 옮기지 않습니까?"

"제가 움직이지 않고 머무르기를 주인님께서 바라시기 때문입니다."

"그대가 거기 있는 것이 누군가를 섬기는 데 쓸모가 있습니까? 그대가 거기에 이렇게 머물러 있는 것이 무슨 도움이 됩니까?"

"저는 제 자신을 섬기려고 존재하지 않습니다. 오직 주인님을 섬기고 그분의 뜻에 순종하려고 존재합니다."

"그렇지만 그대는 그분을 볼 수 없을 텐데요."

석상이 말합니다.

"예, 저는 보지 못합니다. 그러나 주인님께서 저를 보고 기뻐하시며 이 자리에 놓아두셨습니다. 그래서 저는 이 자리에 있습니다."

"그래도 그분께 더 가까이 가려면 그대가 움직일 수 있어야 할 것 같은데요?"

"아닙니다. 주인님께서 명령하지 않으시면 저는 움직이지 않습니다."

"그렇다면, 그대에게는 바라는 바가 아무것도 없단 말입니까?"

"없습니다. 제 주인님께서 저를 놓아두신 자리에 제가

있기에 주인님이 느끼는 즐거움과 기쁨이 제 존재의 유일한 기쁨입니다."

이 석상의 대답은 얼마나 훌륭한 기도입니까! 하느님의 뜻과 기쁨을 단단히 붙잡고서 이렇게 하느님의 현존 안에서 머무른다는 것은 얼마나 좋은 일입니까!

'주님의 발치에 앉아 그분의 말씀을 듣고 있었을'(루카 10,39 참조) 때, 마리아 막달레나는 벽감에 있는 석상이었습니다. 한마디도 하지 않고 움직이지도 않았으며, 아마도 주님을 쳐다보지도 않았을 것입니다. 그저 주님께서 말씀하실 때 귀를 기울여 들었을 뿐입니다. 주님께서 말씀을 멈추셨을 때에 그녀도 듣기를 멈추고 그 자리에 그대로 머물러 있었습니다.

모자나 모녀가 잠이 들 때에, 아기가 쉬는 어머니의 품은 참으로 가장 바람직하고 좋은 자리입니다. 어머니가 아기에게 한마디도 하지 않더라도 그렇습니다.

주님을 사랑하고자 할 때에 우리는 얼마나 행복합니까! 그러니 주님을 사랑합시다. 우리는 주님을 사랑하는 것 말고는 결코 어떠한 것도 바라지 않습니다. 이를 아는 한 우리가 주님의 사랑을 위하여 아무것도 하지 않는다는 생각마저도 그만둡시다.

잠을 잘 때에도 우리는 하느님의 현존 안에 머무를 수 있습니다. 우리는 하느님께서 보시는 곳에서, 하느님께서 기뻐하시는 가운데, 하느님의 뜻에 따라 잠을 잡니다. 하느님께서는 벽감에 있는 석상처럼 우리를 자리에 뉘어 주십니다. 그리고 잠에서 깨어날 때 우리는 하느님께서 그 자리에, 우리 가까이에 계심을 압니다. 하느님께서 움직이지 않으셨고 우리도 움직이지 않았음을 알게 됩니다. 눈을 감고 있지만 우리는 하느님의 현존 안에 있습니다.

이별의 시간

  고통이 얼마나 심하게 마음을 억누르는지 분명하지는 않습니다. 눈을 들어 하늘을 보십시오. 이 삶은 오직 우리가 천국에서 살아가게 될 그 삶을 향한 여정일 뿐임을 깨달으십시오. 네댓 달만 없어도 우리는 쉽게 잊힐 것입니다.

  우리는 세상과 현세의 삶에 너무 익숙해져 있으며 너무 마음을 쏟고 있습니다. 그래서 반대받고 억압당할 때 지나치게 민감해집니다. 그러므로 이 여정을 잘 마치면 복을 받으리라고 말해 주는 명확한 믿음으로 이러한 잘못들을 바로잡아야 합니다. 하느님께 은총으로 받은 것을 그 무엇도 잃지 않았음을 아는 사람은 참으로 행복합니다.

사랑하는 사람의 죽음

그대가 상喪을 당해 커다란 상실감과 온갖 슬픔으로 괴로워한다는 소식을 조금 전에 들었습니다. 이러한 이별 뒤에 남겨진 사람들이 커다란 고통과 슬픔을 겪음은 당연한 일입니다. 그러니 그대에게 그저 "울지 마십시오."라고만 말하면 옳지 않을 것입니다.

그대의 진실한 사랑을 드러내려고, 또 사랑하는 우리 스승님께서 친구 라자로의 죽음을 슬퍼하신 것을 본받으려고 조금 울부짖는 것은 마땅하고 옳은 일입니다. 그러나 오랫동안 울어서는 안 됩니다. 마치 이 비참한 삶이 전부라고 생각하는 사람들처럼, 마치 이 세상에서 잘 산

뒤 사랑하는 사람들과 영원한 천국에서 다시 만나게 되리라는 것을 잊어버린 사람들처럼 오래도록 울지는 마십시오.

가련한 우리 마음이 현세의 이 삶이 지닌 무게감에서 벗어나기는 힘들 것입니다. 세상에서 우리와 함께 즐겁게 살았던 사람을 잃어버린 그 상실감에서 벗어나기 어려울 것입니다. 그러나 하느님의 뜻에 우리의 뜻을 확고히 결합해 온 장엄한 신앙 고백을 결코 저버려서는 안 됩니다. 이러한 하느님의 섭리를 흠숭하며 이렇게 말씀드립시다.

"좋습니다. 주님께서 기뻐하시는 모든 것이 좋은 일이기에, 우리는 주님을 찬양합니다."

마음속으로 이러한 상실의 아픔을 받아들이려면, 틀림없이 매우 커다란 온유함이 있어야 할 것입니다. 이 땅보다는 천국을 향하여 더 큰 애정을 지녀야 할 것입니다. 그러니 하느님께 세상을 떠난 이 영혼과 유족들을 위로해 달라고 기도합시다.

내적 고독

　스승님께서 올리브 동산에서 겪으신 그 커다란 고독을 헤아려 보십시오. 하느님께서 사랑하시는 이 아드님은 당신의 좋으신 아버지께 위로를 간청하셨습니다. 그러나 그것은 아버지의 뜻이 아님을 아셨습니다. 그러기에 스승님은 더 이상 위로를 생각하시거나 불안해하시거나 걱정하시지 않으셨습니다. 그 대신에 용기를 내어 우리를 위한 구원 활동을 힘차게 완수하셨습니다.

　우리도 스승님께서 하신 대로 그렇게 해야 합니다. 하느님 아버지께서 그대에게 위로를 주길 거절하시더라도 더 이상 위로받기를 생각지 말고, 꿋꿋한 용기로 십자가 위에서 그대의 구원 활동을 수행하십시오. 다시는 십자가 위에서 내려가지 못할 것이며, 결코 다시는 평화롭고 고요한 삶을 찾을 수 없다고 여기며 힘차게 하십시오.

그대의 바람은 무엇입니까? 우리는 '우렛소리와 함께 번개가 치는 가운데'(탈출 19,16 참조) 하느님을 뵙고 그분께 말씀드려야 합니다. 우리는 불타는 떨기와 가시덤불 가운데서 그분을 뵈어야 합니다. 그러려면 실제로 발에서 신을 벗어야 합니다(탈출 3,5 참조). 그리고 우리의 바람과 사랑으로 커다란 희생 제사를 바쳐야 합니다.

지극히 선하신 하느님께서는 그대에게 이 모든 일을 수행할 힘을 주시지 않을 것이며 그 길로 가라고 부르시지도 않으실 것입니다. 이 일을 완성하실 분이 바로 하느님이시기 때문입니다(필리 1,6 참조). 하느님께서 그 일을 완성하시는 데에 오랜 시간이 걸리더라도 인내하십시오. 그 과업은 인내를 요구합니다. 하느님의 영광을 위하여 그분의 뜻에 온전히 순종하십시오. 다른 방법으로 하느님을 더 잘 섬길 수 있다고 믿지 마십시오. 우리가 하느님께서 원하시는 대로 그분을 섬기지 않는다면, 우리는 결코 하느님을 섬길 수 없습니다.

어떠한 기쁨이나 즐거움 없이 그저 싫고 괴로운 마음으로 섬기라는 것이 하느님의 뜻입니다. 이러한 섬김은 그대에게 어떠한 만족도 주지 못합니다. 이 섬김은 오직 하느님만 만족시킬 뿐입니다. 그대가 좋을 대로 섬기는 것이 아니라 하느님의 마음에 들도록 섬겨야 하는 것입니다. 결코 그대가 고통에서 구원받지 못할 것이라고 생각해 보십시오. 어떻게 하겠습니까? 그럴수록 하느님께 이렇게 말씀드리십시오.

"이 몸은 당신의 것입니다."(시편 119,94 참조)

지금 당장 이렇게 말씀드리십시오.

"제 고통이 하느님 마음에 드신다면, 그 고통의 수효와 기간을 늘려 주십시오."

영원히 지속될 듯한 그대의 일에 익숙해지십시오. 그러면 깨닫게 될 것입니다. 구원을 생각하지 않을 때에 하느님께서 구원해 주신다는 사실을 말입니다.

마지막 일

　죽음, 심판, 지옥에 관한 묵상. 이것은 매우 유익한 관습입니다. 그러나 이러한 묵상은 두려움과 공포가 아니라 언제나 하느님을 믿는 신뢰와 희망으로 마쳐야 합니다. 그 묵상을 두려움으로, 특별히 죽음과 지옥에 대한 공포로 끝내면 매우 위험합니다.

　그러므로 그 커다란 고통과 영속성에 대하여 당신 자신을 납득시키고 스스로 죽음과 지옥에 대한 공포를 일깨워 하느님을 더 잘 섬기겠다는 결단을 내려야 합니다. 스스로 십자가 위에 계신 구세주를 되새겨 보며 두 팔을 벌리고 그분께 달려가야 합니다. 희망에 찬 내적 환호와 함께 그분의 발을 끌어안으십시오.

"제 희망의 문이시여, 주님의 피로 저를 지켜 주소서!"

"주님, 이 몸은 당신 것이오니, 저를 구원해 주소서."

거룩한 피를 흘리신 구세주께 감사하고 우리 구원을 위하여 하느님 아버지께 그분을 봉헌하며, 하느님 아버지께 이를 허락해 달라고 기도하는 가운데 편히 쉴 수 있을 것입니다. 이러한 묵상은 희망으로 마쳐야 한다는 것을 잊지 마십시오. 그렇지 않으면 아무것도 얻지 못할 것입니다.

이러한 규칙을 늘 간직하십시오. 하느님에 대한 신뢰 없이는 결코 기도를 마치지 마십시오. 신뢰는 하느님께 드높은 영광을 드리며 바치는 기도에 가장 필요한 덕목입니다.

죽음의 준비

그대는 언제나 거룩한 가톨릭교회에 충실하며 영예롭고도 오랜 삶을 살아왔습니다. 그대는 또한 세상과 세상사에 많은 기여를 해 왔습니다. 아무리 용감하고 강인한 말이라 해도, 말은 늑대의 냄새에 쉽게 길을 잃어버린다고 합니다. 이상한 일이지만, 경험한 이들과 전문가들이 그렇게 증언합니다.

그대는 세상 안에서 살고 있습니다. 오직 발로만 세상을 딛고 살았다 해도, 세상의 먼지를 뒤집어쓰지 않을 수는 없었을 것입니다. 그래서 아브라함을 비롯한 구약의 성조들은 관습적으로 손님을 따뜻하게 맞아들이며 그

발을 씻겨 주었습니다. 그러니 우리도 낙원에서 우리 좋으신 하느님의 환대를 받기 전에 우리 영혼의 질병을 씻어 내야 하지 않겠습니까?

죽음을 준비하지 않고 죽는 사람은 커다란 수모를 겪을 것입니다. 그러나 주님께서 구약 시대에 은총을 베푼 사람들은 그보다 두 배의 치욕을 당했습니다. 적의 침공을 알리는 경종이 울리기 전에 스스로 전투 준비를 하는 병사들은 적침의 혼란이 일어나고 나서야 이리저리 뛰어다니며 투구와 방패를 찾는 자들보다 언제나 더 잘 싸울 것입니다. 그러니 우리는 피조물에 대한 집착에서 조금씩 벗어나 틈날 때마다 이 세상에 고별인사를 해야 할 것입니다.

바람에 쓰러진 나무는 땅속에 그 뿌리를 박고 있기 때문에 옮겨심기가 어렵습니다. 그 나무를 다른 곳으로 옮겨 심으려면 땅속에서 그 잔뿌리까지 조심스럽게 캐내어야 합니다. 우리도 이 비참한 땅에서 산 이들의 땅으로 옮겨 갈 때 세상에서 뒤로 물러나 세상에 대한 애착을 하나씩 하나씩 뽑아 버려야 합니다.

갑자기 세상을 떠난 사람들은 친지들에게 작별 인사를 하지도 않고 혼란스러운 일들만 남겼다 하더라도 용서할 수 있지만, 때가 되기 전에 떠나는 시간을 알았던 사람들이 그런다면 용서받지 못할 것입니다. 때가 되기 전에 떠나기 위해서가 아니라 그때를 고요히 기다리기 위해서 우리는 반드시 미리 준비해야 합니다.

임종

　그대는 이 질병의 결말을 기다려야만 합니다. 그대가 최대한으로 지닐 수 있는 온유한 마음으로 그리해야 합니다. 죽음에 관한 하느님의 뜻에 자신을 일치시키겠다는 완벽한 결심으로 마지막 시간을 기다려야 합니다. 사람들이 죽음이라고 부르는 이 잠깐의 부재不在는 하느님의 도우심을 받아 영원한 현재로 복원될 것입니다. 모든 일에 하느님의 뜻을 사랑하고 소중히 여기는 사람은 참으로 행복할 것입니다.

　우리 마음이 오직 이 거룩하고 행복한 영원한 삶에 고정되어 있다면, 우리는 그때 사랑하는 친지들에게 이렇게 말할 것입니다.

"가라, 사랑하는 벗이여. 하느님께서 정하신 시간에 가서 그 영원한 존재가 되어라. 우리도 네 뒤를 곧바로 따라갈 것이다. 여기 땅 위에서 지내는 시간은 영원한 삶을 위하여 우리에게 주어진 것이다. 우리는 천국으로 옮겨 가기 위하여 이 세상에서 살고 있다. 우리가 천국에 가면 해야 할 일들이 모두 성취될 것이다."

이러한 방식으로 우리 조상들은 아브라함의 희생 제사를 존중하였습니다. 얼마나 아름다운 마음인가요!

아드님을 우리 자비에 맡기신 하느님의 자비에 우리 자녀들을 맡겨 드립시다. 하느님께서 바로 우리를 위하여 그분의 목숨을 내어 주셨으니, 우리 자녀들의 생명을 하느님께 바쳐 드립시다.

우리는 우리 시선을 하느님의 섭리에 고정해 겸손한 마음으로 그 섭리에 순종하여야만 합니다. 하느님께서 그대에게 복을 내리시어, 그대의 마음에 순수한 그분 사랑의 영원한 표지를 새겨 주시기를 빕니다. 우리는 매우 작은 일에서도 거룩해져야 하며, 우리가 가는 모든 곳에 사랑의 감미롭고 좋은 향기를 발산해야 합니다. 하느님께서 그분의 거룩한 사랑으로 우리를 정화하시기를 빕니다. 그리하여 우리가 그 거룩한 사랑에 비해 부족한 부분을 그 사랑으로 채우게 되기를 빕니다. 주님께서 우리 몸과 마음의 안식이 되어 주실 것입니다.

하느님 섭리의 온유하신 품에 안겨 우리를 보호하시는 성모님의 옷자락 아래서 우리가 평화로운 안식을 누리게 하소서.

시간이 흐르는 길목에서

 현세의 시간이 이미 다 흘러가지 않았습니까? 해는 달로, 달은 주간으로, 주간은 날로, 날은 시간으로, 시간은 순간으로 줄어듭니다. 이것이 바로 우리가 지닌 모든 시간입니다. 우리는 사라져 가는 시간들만 지니고 있으며, 사라질 날들을 살아갑니다. 그러나 이러한 시간으로 가장 아름다운 순간을 만들어야 합니다.

 이 세상의 삶은 고통으로 가득 차 있습니다. 그렇기 때문에 우리에게 주어진 가장 확고한 위로는 이 순간이 지나가면 마침내 하느님의 자비로 풍요롭게 마련된 저 거룩한 영원성에 길이 나리라는 것입니다. 그 영원한 삶은 우리 영혼이 끊임없이 열망하는 것입니다.

참으로 저는 결코 감미롭지 않은 영원을 생각할 수 없습니다. 제 영혼이 이러한 무한함의 한몫을 나누어 받지 않았다면, 제가 어떻게 영원에 대해 스스로 떠올릴 수 있었겠습니까? 이는 어떤 대상을 파악하려면 그 대상과 같은, 어떤 유사성을 지녀야 한다는 경우일 것입니다.

제 열망이 이와 같은 영원함에 대한 제 생각을 따라 내달리는 것을 느낄 때에 제 마음의 평화는 끝없이 펼쳐집니다. 우리가 참된 열망으로 오로지 가능한 일만을 바란다는 것을 알기에 더욱 그렇습니다. 저는 영원할 수 있음을 확신합니다. 영원을 희망하지 않는다면 저에게 무엇이 남겠습니까? 저는 하느님의 무한하신 선에 대한 지식을 통하여 이러한 희망을 얻었습니다. 지선하신 하느님께서는 인간의 영혼에게 영원에 이르는 수단을 주시지 않고서 영원함을 열망하는 영혼을 창조하시지는 않았을 것입니다.

이렇게 영원한 희망을 안고 우리는 십자가의 발치에

서 있는 자신을 발견합니다. 십자가는 현세의 이 시간에서 영원한 시간으로 건너가는 사다리입니다. 다음 해에는 다른 사람들이 따라올 것입니다. 그들의 모든 시간이 영원에 이르도록 유익하게 활용되기를 바랍니다. 여기 하늘 아래에서 이 순간들이 흐르는 동안 자신의 시간 속에서 오래도록 거룩하고 행복한 삶을 살아가십시오. 그러면 그대가 갈망하는 저 변함없는 행복 속에서 영원히 다시 살게 될 것입니다.

저자 · 프란치스코 살레시오 성인

1567년 8월 21일에 프랑스 동남부 지방 사부아에서 태어나 신앙심 강하고 경건한 부모님 밑에서 자랐다.

파리에 있는 예수회 대학에서 수사학과 인문학을 공부하고, 이탈리아 파도바 대학교에서 법학과 신학을 연구하였다. 1593년에 사제품을 받고, 1599년 스위스 제네바의 부교구장 주교가 되었으며, 1602년에 그 주교좌를 계승하였다. 목자와 저술가로서 모든 사람에게 신앙을 가르쳤다.

그는 1622년 12월 28일 프랑스 리옹에서 세상을 떠나, 1623년 1월 24일 안시에 묻혔다. 1655년 알렉산데르 7세 교황은 그를 성인품에 올렸고 1877년 비오 9세 교황이 교회 학자의 칭호를 부여하였다. 대표적인 저서로는 《신심 생활 입문》과 《신애론》 등이 있다.

옮긴이 · 강대인

한국천주교주교회의 성서위원회와 전례위원회의 위원으로 일하며, 전례서 번역에 참여하고 있다.